Christoph Kopp

EXPERIMENTE

Gedichte und Stücke

Morgenröte-Frisch Auf!

ISBN: 978-3-9812394-0-9

1. Auflage

www.morgenroete-frischauf.de

Illustrationen: Kirsten Kirschenmann-Kopp

Satz, Layout, Druck:
Steffen GmbH
Mühlenstraße 72, 17098 Friedland/Meckl.
www.steffendruck.com

INHALT

GEDICHTE

AD LIBITUM

Es ging einher am ersten Tag
Des jungen Keilers Leben
Mit Friedrichs eil'ger Fahrt nach Prag
In Graz ein großes Beben.

Geheimrat Golz schlug auf den Tisch,
So daß die Hand ihm schmerzte
Und hob nun an ganz fürchterlich
Und wetterte aufs Schärfste.

Noch tags zuvor wußt' er nicht recht
Was Friedrich führt' im Schilde;
Ganz offensichtlich war er schlecht
Nur über ihn im Bilde.

Er tobt' wie lauter Donnerhall
In seinem Kabinette,
Testiert dem Sohne Unmoral,
Absenz von Etikette.

Nur Friedrich hört' das nicht, er lag
Umrankt von ihren Brüsten
In ihrem großen Bett in Prag,
Wo beide heiß sich küßten.

Der junge Keiler dieser Nacht
Wurd' einen Tag schon älter.
Ganz sittsam hat er zugebracht
Die Nacht im Schutz der Wälder.

TANZ IN DEN MAIEN

Lind weht die holde Morgenluft,
Sie wiegt uns in vertrauten Armen
Und läßt, zu höherem Genuß,
Uns weit ins Land raus fahren.

Die Vögel blicken, altvertraut,
Zu uns herab ins Felde,
Und Käfertier und Schneckenhaus
Teil'n mit uns ihre Strecke.

Das Mühlrad geht so traut die Bahn,
Daß es den Müller ziere,
Es grüßt allseits ein freundlich Wort,
Wohl denen, die da ziehen.

Es geht hinauf zur Försterei
In einem bunten Reigen,
Dort oben wird, wie jedes Jahr,
Das Maienfest bereitet.

Und Alt und Jung zieht's freudig hin,
Hier gibt's kein Last und Leiden,
Die Trübsal lassen wir zu Haus
Und spotten ihren Streichen.

Wer nimmer zagt, der ist hier recht,
Denn Labung will er haben,
So recht für Geist und Bauchesdrang
Und für die lahmen Waden.

Es hebt nun an ein freudig' Lied
Aus vielen bunten Kehlen,
Hier ist kein Härmen, kein Verdruß,
Heut soll sich niemand quälen.

Dort auf der Höh', man sieht's von fern,
Steht prachtvoll und erhaben
Burg Rauenstein, sei stets gegrüßt,
Heut wie vor hundert Jahren.

In ihren Mauern haben wir
In längst vergangnen Tagen
Gespielet und gewaltet satt,
Gar manche Schramm' heimtragen.

Noch kurzen Gang, dann ist erreicht
Inmitten unsrer Lieben
Die Stätt' am Wald, da jedes Jahr
Zum Mai die Röcke fliegen.

Geschmückt mit Äst' und Blätterwerk,
Umzwirnt mit Frühlingsblumen,
Sind Laube, Zaun und Forsthaus schon,
Den Förster woll'n wir loben!

Es geht ein lustig' Tanz herum,
Schnell drehen sich die Buben
Mit ihren Mädchen ganz zum Takt
Der Musikantentuben.

Wohlan, wir stimmen frisch mit ein
Und schwingen unsre Glieder
Und denken nicht, was wird wohl sein,
Wenn unten sind wir wieder.

Denn ganz gewiß, wie jedes Jahr,
So sicher wie das Amen,
Holt Schmerz im Kreuz und bittres Leid
Uns wieder aus dem Wahne.

So laßt uns denn, reicht euch die Hand,
Hier unter Himmels Sternen,
Dir danken, Gott, für diesen Tag.
Auf daß er ewig währe!

DIE BEGRENZTEN MÖGLICHKEITEN DER KUNST

Zum Schützenfest in Xanten,
Da trafen Musikanten,
Sie war so wunderschön,
Gar lieblich anzuseh'n
Auf einer Wirtin Kind.

Sie stritten, wer sie dürfe
Zum Festkommers ausführ'n,
Sie hatte rote Haare,
War im neunzehnten Jahre,
Ein jeder wollt' sie kür'n.

Der spielte auf der Geige,
Auf daß sie ihm sich neige,
Doch war in ihren Blicken
Kein sonderlich' Entzücken,
So sollte er's nicht sein.

Mit Sange wollt' der Nächste
Entflammen ihr das Herz,
Doch die beschwornen Musen
Verhallten in ihr'm Busen,
Kein Feuer stieg aufwärts.

Drum bracht' der Dritte gar nichts dar,
Strich zärtlich nur ihr Haar.
Sie schloß dabei die Augen,
Der mochte wohl was taugen,
Er war's, mit dem sie schied.

BÜRGERWEHR

Das konnte er nicht ahnen,
Das war nicht seine Schuld,
Und als sie ihn vernahmen,
Nahm er's hin mit Geduld.

„Ihr Herrn dort, groß und mächtig,
Wie Ihr nun steht vor mir
In Euren Röcken prächtig,
Ich tat's nicht aus Plaisir.

Ging lediglich noch nächtens
So um die elfte Stund',
Zu sehn, ob alles rechtens
Kurz raus mal mit dem Hund.

Wie nun da kam entgegen
Mir in des Mondes Licht
Ein Fremdling, der verwegen
Den Hut zog ins Gesicht

Und schnellen Schrittes eilte
Ein wahrer Finsterling,
Vorm Rathaus kurz verweilte,
Da ich Mißtrauen fing.

Ich rief ihm nach ‚He, Fremder,
Was ist Euer Begehr?'
Doch er nur ging behender
Ums Eck, sah ihn nicht mehr.

Da ließ ich von der Leine
Den Hasso, meinen Hund,
Daß er ihm mache Beine
Aus braven Bürgers Grund.

Daß Hasso hat gebissen,
Wie sich's nun stellt heraus,
Den Stadtrat Renz beim Pissen,
Erfüllt mich tief mit Graus."

„Ihr Einsatz sehr in Ehren,"
Der Schutzmann retouriert,
„Doch sollte Sie belehren,
Was gestern Nacht passiert.

Wer unerkannt will nächtlich
Zurückkehr'n erst nach Haus,
Ist nicht sofort verdächtig,
Weil er nicht weist sich aus.

Verurteil'n alles Fremde,
Das ist Philistertum,
Man kommt damit am Ende
Zu zweifelhaftem Ruhm."

HERR S. IM GREIFEN

Ist das Tagwerk dann vollbracht,
Letzte Fragen noch bedacht,

Eilt Herr S., geschafft und froh,
Hastig raus aus dem Bureau.

Denn er findet, um die Zeit
Lust'ger wär's wohl noch zu zweit.

Darum, daß ihm an nichts darbe,
Sondern angenehm behage,

Und, nach langer Arbeit Ende,
Sich nochmal das Thema wende,

Kurz, aus mannigfachem Grunde,
Denkt er, daß er dieser Stunde,

Hier und heute, auf der Stelle,
Sich ins Wirtshaus noch geselle.

Beim Greifen-Wirt, das weiß er wohl,
Trifft er bestimmt auf Friedrich Kohl.

Denn Fritz, ein Freund aus Jugendtagen,
Zum Ausgeh'n braucht man nie zu fragen.

Nach kurzer Zeit schon ist er da,
Doch Friedrich macht sich heute rar.

Sitzt nicht in angestammter Ecke,
Beim Wandbild mit dem Wasserflecke.

Nun, denkt Herr S., dann spar ich Geld,
Sich erst einmal ein Bier bestellt.

Macht sich's kommod, die Bank aus Holz,
Genüßlich raucht die Overstolz.

Des Arbeitstages höchste Wonne
Kommt dann zutag, wenn sinkt die Sonne.

Es kommt herbei, er sieht es schon,
Das Bier im großen Krug aus Ton.

Der Wirt spricht kräftig: „Sehr zum Wohl!"
Herrn S. nun freut der Alkohol.

Setzt an den Krug, doch statt zu trinken,
Spürt er, was um sein Bein sich winden.

Schaut untern Tisch, blickt in die Fratze
Des Greifen-Wirtes dicker Katze.

Nun, denkt er, mag sie da wohl sein,
Dann sind wir beide nicht allein.

Doch anders hätt' er sich besonnen,
Hätt' er die Folg' vorweg genommen.

Denn plötzlich, wenn er sich nicht täuscht,
Ihm dünkt, sein Beinkleid werde feucht.

Blickt runter wieder, sieht die Pfütze.
Nun wart', Du kriegst was auf die Mütze!

Mit einer Hand greift er umher,
Packt fest das Untier, „Komm nur her!"

Er fühlt sich außer Rand und Band,
Die Overstolz fällt aus der Hand.

Nun ist's landauf, landab bekannt,
Daß Fell und Feuer nicht verwandt.

Drum tut man nicht, kann man's vermeiden,
Was nun passiert mit diesen beiden.

Die Glut auf Greifen-Katzens Rücken,
Führt dort nicht weiter zu Entzücken.

Ein heller Schrei schallt unterm Tisch,
Bevor sie dann Herrn S. entwich.

Sie rennt aus tiefen Herzens Wühlung,
S. denkt, das Tier braucht dringend Küh-
lung.

Schnappt sich den Krug, springt hinter-
drein,
Das Bier könnt' gut zum Löschen sein.

Quer durch die Stube beide holpern,
Ein Stuhl, Herr S. kommt arg ins Stolpern.

Da Flüssigkeit nun mal sehr träge,
Folgt sie nicht mit in Herrn S.s Schräge.

Und prompt das Bier schießt unvermittelt
In Richtung Wirt, der weiß bekittelt.

Es landet mitten im Gesicht,
Die Katze ist derweil entwicht.

Der Greifen-Wirt, noch ganz benommen,
Erkennt Herrn S. nur noch verschwommen.

Der liegt am Boden, Stuhles Lehne
Hat überdehnt die linke Sehne.

Sobald er sich hat aufgerichtet,
Sieht er, was er hat angerichtet.

Der Greifen-Wirt schreit lauthals „Raus!“,
Bier rinnt ihm noch zum Mund hinaus.

Für S. ist es nun opportun,
Genau auch selbiges zu tun.

Rasch schnappt sich seine Anzugsjacke,
Nur raus, sonst gibt's was auf die Backe.

Er springt hinaus, steht in der Gasse,
Betrachtet seine Hos', die nasse.

Derweil ums Eck kommt Friedrich Kohl,
Ihn dürstet doch, S. dacht sich's wohl.

„Tag, Hans, kommst Du noch kurz mit rein?“
„Nein, Fritz, ich geh mal lieber heim.“

Am nächsten Morgen um halb sieben
Wird ihm das Schlafen ausgetrieben.

Des Weckers unbarmherz'ges Läuten
Nicht dienlich ist zu großen Freuden.

Bald humpelt er, am Bein die Delle,
Zum Rentamt, seiner Arbeitsstelle.

Was nun Herr S. wohl denken wird?
Zum Glück gibt's noch den Bahnhofswirt!

DES SCHNEIDERS NEUE NADEL

In einem Dorf am Hohentwiel
Hat vor neunhundert Jahren
An einem Dienstag im April
Sich dieses zugetragen:

Der Schneider Tesch, ein Original
Mit Fingern lang wie Äste,
Versucht zu näh'n schon vierzig Mal
Den Knopf an eine Weste.

Er hat all' Werkzeug längst parat,
Doch macht's ihn langsam böse;
Hält er den Faden akkurat,
Entweicht der Nadel Öse.

Für meine Finger, dacht' er sich,
Zu klein sind all die Sachen.
Wie sollt' ich da auch ordentlich
Mein' Arbeit nur mit machen?

Er sah das ganz' Debakel,
Und plant gleich, wie er's wende,
Daß der bisher'ge Makel
Zum Vorteil würd' am Ende.

Zum Mittag hielt der Küster
Gewöhnlich einen Schlaf.
Er löscht' das Licht im Lüster
und schlief bald fest und brav.

Nun brach für unsren Schneider
Die Zeit des Handelns an.
Er war auch wieder heiter,
So tollkühn war sein Plan.

Zum Haus des Küsters schlich er,
Ein Fenster offen stand,
Schaut' rein und sah quer rüber
Den Schlüssel an der Wand.

Der Schlüssel war zur Türe
Des Kirchturms Treppenhaus,
Das ihn nach oben führe,
So malte er sich's aus.

Er lehnt' sich in das Zimmer,
Streckt sich gewaltig aus,
Und holt mit langem Finger
Den Schlüssel schnell heraus.

Der Kirchturm stand bald offen,
War neunzig Meter hoch,
Er sah hinauf betroffen
Auf Stufen noch und noch.

Doch als er stand dort oben
Nach dreizehn Stunden Gang,
Da hört' man ihn sich loben
Acht weitre Stunden lang.

Halb fünf die Glocken schlugen,
Zwei Mal zur halben Stund',
Des Schneiders Augen lugten
Zur Kirchturmuhre rund.

Er sah den großen Zeiger,
Der die Minuten zählt,
Den hat der Schneidermeister
Zum Ziele ausgewählt.

Der zeigt' nun grad' nach unten,
Er packt' ihn feste an,
Riß in die Finger Wunden,
Bis Blut heraus bald rann.

Doch hat er es am Ende
Mit allerletzter Kraft
Ihn von der Well' Gewinde
Herabzuzieh'n geschafft.

Der Zeiger in der Länge
Maß dreiundsechzig Fuß
Und wog auch eine Menge,
Er war aus Eisenguß.

Wie er die Beut' nach unten
Zu bringen hat geschafft,
Ward nie herausgefunden,
Hier eine Lücke klafft.

Zu Haus dient' er als Nadel
Dem Schneider Tesch seitdem.
Näht ohne Fehl' und Tadel
Mit ihm nun ganz bequem.

Den Faden führt' er nunmehr
Durch's Loch der Antriebswell',
Und dank der langen Finger
Ging das jetzt gut und schnell.

Er näht damit bis heute
Die schönsten Kleider nur,
Und alle andren Leute
Schau'n ratlos hoch zur Uhr.

DIE MACHT DER PHANTASIE

Phantasie, Du hohe Gabe,
Gib uns Deinen Lebenskuß,
Bleib getreu uns bis zum Grabe,
Schenk uns ein im Überfluß.

Sausest dreimal um die Erde,
Ragst hinauf bis weit ins All,
Gleich wie Helios mit dem Pferde,
Tönst herab wie Götterhall.

Fütterst uns mit Himmelsgaben,
Bist der Gedanken Kronjuwel,
Scheinst in Regenbogens Farben,
Zaubermeister ohne Fehl.

Denn Dein Atem versetzt Berge,
Bunter machst Du uns die Welt,
Regst uns an zu kühnem Werke,
Glücklich, wer zum Freund Dich zählt.

ENTSCHEIDUNG

Es waren drei eiserne Kugeln,
Die hat man gegossen zum Krieg.
Die eine traf den jungen Leutnant,

Die anderen fehlten das Ziel.

Es waren drei hölzerne Männchen,
Die hat man geschnitzt zum Verkauf.
Das eine bracht' Geld in die Kasse,

Die anderen fehlten das Ziel.

Es waren drei Tag' im November,
Die hat man gebraucht auszuruh'n.
Der eine Tag bracht' die Erholung,

Die anderen fehlten das Ziel.

Es waren drei gute Gedanken,
Die wurden geboren aus Not.
Der eine bracht' Rückkehr zum Pfade,

Die anderen fehlten das Ziel.

Es waren drei kluge Gelehrte,
Die liefen ein Rennen um Ruhm.
Der eine baut' Menschen aus Genen,

Die anderen fehlten das Ziel.

Es waren die anderen beiden,
Die jeweils geh'n andere Weg'.

Manchmal wohl zum Nachteil des Zieles,
Manchmal auch, darum sind sie wichtig,
Weil's gibt nur ein' gangbaren Weg.

DIE GESELLENPRÜFUNG

An des fünften Märzen Abend
Ward nun der Vertrag gemacht.
Dazu trafen ein zur Stelle
Kürschnermeister samt Geselle,
Bald wird sein die Tat vollbracht.

In des weiten Raumes Mitte
Ragten sie am Tische auf,
Zwei Gestalten
Ließen walten
Tiefster Sphären freien Lauf.

Meisters schmale Augen blitzten,
Redet dem Gesellen zu,
Und im passenden Moment
Liegt am Tisch das Dokument.
Läßt ihm ewig keine Ruh'.

Doch der zögert noch und ringt.
Als der Meister greift nach unten,
Reicht dem Zweifelnden sodann
Einen Barren Silber an,
Hat er sich schnell überwunden.

Gierig ward nun der Geselle,
Hob zu leisten einen Schwur,
Taucht die Feder in die Tinte,
Führt sie zum Papier geschwinde
Und begibt die Signatur.

Noch ist nicht die Tinte trocken,
Reißt der Meister dem Gesellen
Den Vertrag schnell aus der Hand,
Denn es ist sein teures Pfand,
Um sich vor ihn hinzustellen.

„Hoch, Verlorner, bleib nicht sitzen,
Du weißt, was Du hast zu tun,
Deinen Lohn hast Du bekommen,
Hast die Prüfung angenommen,
Scheide nun!"

Langsam wird's dem Burschen mulmig,
Möcht' zerreißen den Vertrag.
Was hat er da unterschrieben,
Was wurd' da mit ihm getrieben?
Lösch den Tag!

Bitterböse lacht der Meister
Und es klopfte wild und bebend
Des Burschen Herz,
Der vor Schmerz
Am Strang hing am selben Abend.

WIEDERKEHR, EWIGE

Weht zunächst noch sehr bedächtig
Leichter Wind, fast flüsternd nur,
Hebt bald an und reitet nächtlich
Tosend über Wald und Flur.

Kaum geboren wird das Kind,
Schöpfend volle Lebenslust,
Eingehüllt in weiche Bind',
Liegen an der Mutter Brust.

Donnerhall geht krachend nieder,
Machtvoll endend jede Ruh',
Hallt im fernen Tale wider,
Kommt nun näher immerzu.

Wohlbehüt' beginnt das Leben,
Geliebet unbegrenzt für immer.
Ist der Eltern ganz Bestreben,
Freud' soll's haben, leiden nimmer.

Plötzlich zuckt ein gleißend' Feuer,
Tageshelle bricht die Nacht,
Dieser Stunden zeigt's uns heuer,
Wer auf Erden hat die Macht.

Gut' Regiment zu Haus erfährt es,
Niemals fehlt das täglich' Brot.
Und mit Pupp' und Stofftier spielt es,
Kennt nicht Sorgen oder Not.

Wütend stürzt herab der Regen,
Peitschend auf des Hauses Dach,
Tönet finster und verwegen,
Mühlbach stürzt, oh weh und ach!

Jüngling wächst heran beständig,
Bald schon geht er auf die Schul',
Konjugiert und lernt auswendig,
Reibt den Hintern platt am Stuhl.

Angeschwellt durch Wolkenbrüche
Übers Ufer tritt der Bach,
Schäumt gleich einer Hexenküche,
Wächst an Breite siebenfach.

Erster Liebe zarte Bande
Knüpft er, welch ein Hochgefühl,
Mit dem Mädchen, das am Rande
Ihm schon immer sehr gefiel.

Wind reißt Äst' von Bäumen nieder,
Sich zum Donner hin gesellt,
Schaurig singend düstre Lieder,
Klingt, ob's Ende naht der Welt.

Doch die Jahre zieh'n im Fluge
Und ihr Ziel ist unbekannt,
Nehmen uns auch gern zum Truge
Auf manch Irrweg an die Hand.

Meistens ist der Wunsch bescheiden,
Was dem Mensch Erfüllung sei,
Und man läßt nur schwer sich leiten
Anzugeh'n, was zählt dabei.

Wacker, wacker, bleib nur aufrecht,
Pfeif Du treu Dein eigen Lied,
Gar zu schnell wird man zum Knecht,
Wenn man nicht nach vorne sieht.

Also, Seemann, reiß das Ruder,
Schwenk den Kurs auf hohe See!
Setz die Segel!
Nur voraus!

Doch die Lieben nehme mit.

Stech in liebliche Gewässer,
Da, ist bald der Tag geschieden,
Du schläfst ein und sagst: zufrieden.

Ganz durchnäßt das Land der Regen,
Wasser, allen Lebens Quell,
Zeig uns, ob Du kamst zum Segen,
Du zweischneidiger Gesell.

Mühsal ist des Bauers Leben,
Wetter ihm den Lohn bestimmt,
Muß doch reiche Ernte geben,
Schicksal, sei ihm wohl gesinnt!

Langsam ziehen nun die Wolken
Einem andren Ziele zu,
Auf dem Rückzug ist der Regen,
läßt an Stärke nach im Nu.

Reift die Ähre, ist's das nächste
Nun zu walten mit Geschick,
Stolz fährt er dann ein zum Herbste
Ein gesegnet Ernteglück.

Bald schon fallen nurmehr Tropfen
Von den nassen Bäumen ab,
Und nach einem letzten Klopfen
Wandern sie am Dach herab.

Vater, Vater, schau herüber!
Mutter, Mutter! hallt's durchs Haus,
Fröhlich spielen traut die Kinder,
Für die Seele ist's ein Schmaus.

Und so finden Leid und Freude
Spiegelbild in der Natur.
So wie ehdem glänzt auch heute
Hell im Morgenrot die Flur.

AM ZIELE

Sie zogen gerade hin zum Meer
Mit großem Troß, gewaltig.
Das Land ringsum war wüst und leer,
Voran ritt König Nantwig.

Beim König war noch mit dabei
In prachtvollem Gewande
Ein weitrer Reiter, wer es sei,
Wußt' niemand in dem Bande.

Der Weg nur führte geradeaus
Wohl eine Ewigkeit.
Da war kein wohlbehalten' Haus,
Kein Leben weit und breit.

Die Menge aber ward erbaut
Von beider Herrlichkeit.
Die ritten stumm, es fiel kein Laut,
Doch ritten Seit' an Seit'.

Es tobt der Krieg im elften Jahr,
Er bracht' nur Not, elende.
Das Volk, eine geschundne Schar,
Man sehnte her ein Ende.

Die Dämmrung brach herein, es war,
Als wolle sie verdecken
Nun mild-barmherzig ganz und gar
Mit grauem Samt die Schrecken.

Sie machten Rast nach weiter Reis'
Und fielen fest in Schlaf,
Manch Stirn herunter rann der Schweiß,
Der auf den Boden traf.

Gar friedlich nun erschien die Nacht,
So traulich, heil, fast heiter,
Und bei dem Heere schlummert sacht
Der unbekannte Reiter.

Der König aber sorgsam wacht',
Auch er im Staube lag,
Daneben Stund' um Stund' und dacht'
Wohl an den nächsten Tag.

Doch Wachen heller Hörnerklang
Beendet jäh die Ruh.
Die Meldung schnell zum König drang,
Man ritt aufs Lager zu.

Indes ward in der Fern' gewahr
Ein lodernd' Flammenmeer,
Und wessen Hände Werk es war
Zu nennen fiel nicht schwer.

Mit Windeseile ward pariert,
Da stand nun Mann an Mann.
Die Büchsen wurden präsentiert,
Auf Abschreckung man sann.

Der Meute dumpfer Hufenschlag
Kam näher immerzu.
War'n Plündrer, desertiert ohn' Frag,
Brandschatzten noch dazu.

Des Heeres Anblick flößt ihn' ein
Kein Schrecken tief im Herz.
So durchgetränkt sie war'n mit Wein,
So kalt, so voller Schmerz.

Sie flogen in die Menge rein
Mit wildem Kriegsgeschrei.
Und sollten's ihrer sieben sein,
Kein weitrer war dabei.

Prasselnd fegt der Büchsen Schrot
Durch die Luft hinein ins Fleisch.
Führt die Plündrer in den Tod
In Sekundenschnell' zugleich.

Es tobt der Krieg im elften Jahr,
Er bracht' nur Tod, elenden.
Das Volk, eine geschundne Schar,
Man hofft, er würde enden.

Die Nacht zog fort, der blasse Schein
Des Mondes wurde vager,
Bald andachtsgleich die Vögelein
Besangen zag das Lager.

Der frischerwachte Tag bracht' dar
Des Morgenglanzes Schmucke;
Was nächtlich vorgefallen war
Gleich mit in einem Rucke.

Solch Szenerie noch spürbar hub
Des Königs ungestümen Drang.
Die toten Männer man begrub,
Das dauerte nicht lang.

Schon bald gerüstet brachen auf
Die Männer in dem Trosse.
Sei eines halben Tages Lauf,
Der König sprach vom Rosse.

Eintönigkeit nun wieder fand
Den Einzug in die Runde.
Gleichwohl, wohin man trat, man stand
Nun schon auf sand'gem Grunde.

Der König sandte Reiter aus,
Man sah die Fahnen wehen.
Die ritten nun behend voraus,
War'n bald nicht mehr zu sehen.

Des Mittag war's, die Sonne stand
Auf ihrem höchsten Throne,
Da tönte durch das öde Land
Der Hall einer Kanone.

Obwohl's wie Kriegsgerassel war,
Dem König schien's nicht bange.
Er blickte stolz zur Seite gar,
Zum prächt'gen Reiter lange.

Der setzt nun ab die güldne Kron'
Und reicht sie Nantwig an.
Sanft fallen blonde Locken schon
Bis zu den Schultern ran.

Da saß im hellen Sonnenlicht
Hoch oben auf dem Roß
Des Königs Tochter, im Gesicht
Nur Schönheit sich ergoß.

Kurz drauf man sah am Horizont
Ein Schiff vorm Ufer liegen.
Mit blauen Segeln, die man konnt'
Im Winde sehen wiegen.

Am weißen Strande stand schon bald
Der König mit den Mannen
Und seiner Tochter Irmingald,
Der Freudentränen rannen.

Denn es kam her vom Schiff ein Boot,
Darinnen stand im Spiele
Der Wellen Brandung ganz in Rot
Ein Mann mit großem Ziele.

Es war der junge Prinz Frithjof,
Der um der Liebe Willen
Zu weiter Reis' aufbrach und hofft',
Sein' Sehnsucht so zu stillen.

Es schwieg nicht Krieg noch Not elf Jahr',
Doch erstmals dieser Stunde.
Die Sonne taucht ins Meer, es war,
Als schlösse sich ein Bunde.

NUR SCHÖNHEIT SICH ERGOSS

STÜCKE

PIUS XVIII.

Personenverzeichnis

Max Olten, Außenminister
Herr Teschke, sein Assistent
Katyr, sein Hund
Bürger
Reporterin
Kameramann
Linker Beisitzer
Rechter Beisitzer
Wirt
Mann
Direktor
Schneider
Bürgermeister
Ober
Ein Rosmarinstrauch
Nachtwächter
Minister für Wirtschaftliche
Zusammenarbeit und Entwicklung
Kanzleramtsminister
Bildungsminister

1. Szene

Auf einer Wiese. Ein Bürger in Tracht. Der Außenminister, ein relativ kleiner Mann von schmächtiger Gestalt, auf Wahlkampftour mit diesem im Gespräch. Im Hintergrund verhaltene Verkehrsgeräusche.

Bürger: Moagst h*a*hi hoam? Moagst h*a*hi hoam? Moagst ha*hi* hoam? Moagst's?

Außenminister: Sie müssen supranational denken, supranational!

Bürger: Was wüelst?

Außenminister: Masterplan. Sie brauchen einen Masterplan. Und einen Plan B!

Bürger: An woas?

Außenminister: Fremdenverkehr, mein Herr! Sie müssen dem Fremdenverkehr mehr Aufmerksamkeit schenken! Der Fremdenverkehr ist nicht mehr nur im rein nationalen Kontext zu sehen. Der hat sich längst schon international etabliert, mein

Herr! Wenn der in diesem hoffnungslosen Nest erst aufblüht-

Bürger: Hier bluit's!

Außenminister: Und Fördergelder können Sie auch beantragen!

Bürger: *(zunehmend genervt)* I wui net aso.

Außenminister: Hier in diesem Nest sieht es aus, als schaue man einer Giraffe in den Hals: Nur abwärts! Minus *(zögert, holt einen Merkzettel aus seiner Anzugstasche, schaut darauf, korrigiert dann)* Plus Null Komma Vier Prozent. *(Pause)* Stagnation! Wenn Sie ehrlich sind, noch viel verhängnisvoller als ein Rückgang. Weil alles steht. Es bewegt sich nichts mehr! Keine Richtung erkennbar, da sind Ihnen die Hände gebunden, mein Herr! Genaugenommen ist das ein signifikanter Rückgang! Schauen Sie sich dagegen doch nur einmal die Ostsee an. Da muß ich nur mal bei Z anfangen. Zinnowitz hat zweiundvierzigtausendfünfhundertundacht Übernachtungen. Das sind mehr als vier Gäste *pro Bett*, mein Herr! Die aktuellen Zahlen für Indien liegen mir leider nicht vor. Die Situation bei Ihnen ist eher vergleichbar mit der in Georgien. Von diesem Land liegen mir zwar auch keine Zahlen vor, aber das brauchen sie auch gar nicht! Daß keine Zahlen vorliegen, sagt ja an sich schon alles! Das kann ich mir doch an meinen fünf Fingern abzählen, daß die mindestens minus Null Komma Acht haben. Und das ist schon eine wohlwollende Schätzung! In Georgien haben sie Tiflis, die haben was vor-zu-weisen. Und es müßte schon mit dem Teufel zugehen, wenn die georgische Regierung nicht bei Ermangelung eines Sees den nächst besten Fluß aufgestaut hätte! Die Georgier sind auf Fremdenverkehr eingestellt. Die haben ihren Stausee! Problem erkannt, Fluß gestaut und schon steigt die Auslastung. Geht auch mit einem Bach - zur Not. Schwindelerregende Steigerungsraten geradezu! *(Pause, er merkt, daß er sich verzettelt hat)* Äh, warten Sie mal- *(Der Außenminister ist von sich selbst etwas irritiert.)*

Bürger: Is fallend, ham'S grad konstatiert. Mir san plus. Sagn'S selbst!

Außenminister: Plus- *(Pause)* Fangen Sie jetzt bloß nicht mit diesem Zahlengeschacher an! Rein zahlenmäßig vielleicht etwas. Sind halt die alten Zahlen. Aber lassen Sie sich doch nicht von den absoluten Prozenten trügen! Eigentlich ist es doch ein relatives Minus, mit dem Sie den Gast konfrontieren. Ich gehe aber davon aus, daß Georgien gerade dabei ist, den Fluß Enguri zu stauen. Die Georgier sind schon immer ein Volk intelligenter Menschen gewesen. Tiflis macht Ihnen vor, wie es geht! Da sollten Sie mal eine Delegation hinschicken, die Georgier haben Sie doch in drei Jahren in der Auslastung überholt, länger braucht ein Stausee nicht, glauben Sie mir!

Bürger: Gott's Wuiln!

Außenminister: Stauen Sie den Dorfbach! Sie haben doch bestimmt einen Dorfbach-

Bürger: *(genervt)* Dahier gibt's sowoas anett!

Außenminister: Sie müssen doch einen Dorfbach haben! Selbst in Kitzling hatten sie einen Dorfbach. Ohne Wasser kein Fremdenverkehr! Verstehen Sie? Ganz und gar zwingend erforderlich! Und wenn Sie keinen haben, dann leiten Sie halt einen um! Kreativität, Weltläufigkeit, Herr-

Bürger: Schutzbach Alfred.

Außenminister: Herr Schutzbach, Kreativität! Es wird doch in diesem scheußlichen Kaff irgendwo ein Bach umzuleiten sein! Leiten Sie den Bach um, stauen Sie ihn, pflanzen Sie Pappeln, und ich sage Ihnen, Sie haben in fünfzehn Jahren ein freundliches Naherholungsgebiet, äh, mit Fernwirkung. Mit Fernwirkung! Ich sag's ja: supranational!

Bürger: *(wütend)* I wui koan asowas! (*laut*) Schleichts euch, ausi!

Außenminister: *(laut)* Provinzaffe, Hinterwäldler! *(geht weiter)*

Bürger: *(zufrieden)* Mir san mir!

(Eine Reporterin mit Kameramann auf der Wiese an einer vielbefahrenen Bundesstraße. Starker Verkehrslärm. Der folgende Dialog muß wegen des Verkehrslärms relativ laut ausgetragen werden.)

Reporterin: *(in die Kamera, laut)* Ich sehe gerade unseren Außenminister nach einem Gespräch mit der Bevölkerung in unsere Richtung kommen. Vielleicht steht er auch uns für ein kurzes Gespräch zur Verfügung.

(Der Außenminister will gerade an der Reporterin vorbeigehen, wird von dieser jedoch aufgehalten.)

Reporterin: *(laut)* Herr Minister, Sie befinden sich gerade auf Wahlkampftour durch die Provinz. Wie beurteilen Sie die Stimmung im Lande elf Tage vor der Wahl?

Außenminister: *(laut)* Keine Eigeninitiative, keinerlei Eigeninitiative. Dabei ist es doch ganz einfach, eine gute Idee zu haben! Ich sehe so einem Ka- *(korrigiert sich)* Ortschaft, so einer Ortschaft doch schon nach vier Minuten an, an was es für den Fremdenverkehr fehlt. Nicht mal einen Dorfbach haben die-

Reporterin: *(laut)* Sie sind also der Meinung, daß der Tourismus hierzulande noch viel zu stiefmütterlich behandelt wird?

Außenminister: *(laut)* Supranationales Geflecht

und ein ganzer Landstrich abgehängt! Das ist ein Wettlauf, Indien, schauen Sie sich Indien an! Und Lettland, aber hier- keine Eigeninitiative!

Reporterin: *(laut)* Welche Schlüsse sollten die Bürger denn Ihres Erachtens aus dem internationalen Kontext ziehen?

Außenminister: *(laut)* Ich sage Ihnen, sanfter Tourismus ist das Schlagwort, Klassifizierungsstufen! Ohne Klassifizierung läuft im Fremdenverkehr doch schon seit Jahren nichts, aber das wissen die nicht, das müssen Sie diesen Leuten erst mal mühsam klarmachen. Ohne Stausee läuft gleich gar nichts! Die einfachsten Regeln nicht bekannt! Qualitätsbewußtsein, meine Dame!

Reporterin: *(laut)* Was werden Sie als nächstes tun?

Außenminister: *(laut)* Verkehr. Es ist viel Verkehr. Das ist dem Fremdenverkehr überhaupt abträglich. Ich sage ja, die Grundzusammenhänge nicht erkannt!

Reporterin: *(laut)* Vielen Dank für das Gespräch, Herr Minister.

2. Szene

Saal einer Gastwirtschaft. Am Rednertisch sitzend der Außenminister. Links und rechts neben ihm sitzend örtliche Funktionäre, der linke stark angetrunken und sich künstlich wachhaltend, der rechte ernst schauend und jede Aussage des Außenministers mit ernstem Nicken zustimmend unterstreichend.

Außenminister: Potential, Po - ten - ti - al, meine Damen und Herren! Ist das *(übertrieben betont)* A und O unseres Landes! Die Gelegenheit beim Schopfe packen! Sehen Sie das Projekt der Flußbegradigung doch als Gelegenheit! Als ästhetisch-schöpferische Vollendung und als *(betont)* höchste Stufe der Effizienz! *(der rechte Beisitzer nickt)* Weniger Schadstoffe aus der Stagniolfabrik, die rauschen dann in Zukunft einfach bei Ihnen vorbei! Das steigert Ihre Lebensqualität *noch* weiter! Die können sich dann gar nicht mehr am Ufer festsetzen nach der Begradigung. Äußerst sinnvolles Projekt, spart ein komplettes Klärwerk! Ihnen kann man nur gratulieren! Und gefördert von Ihrer Regierung, selbstverständlich. *(schaut gönnerhaft in die Runde)*

Linker Beisitzer: *(hat die ganze Zeit dösend unter sich geschaut, blickt nun nach oben)* Mir ham koan Fluß. *(Sein Kopf schlägt auf den Tisch.)*

Außenminister: Wie meinen Sie? Keinen Fluß? Nicht mal Ihr Dorfbach wird begradigt? Warten Sie- das ist doch hier die Bromtal-Halle? Die Bromtal-Halle zu Neusach im Riedkreis? *(Der rechte Beisitzer nickt bedeutungsvoll.)*

Linker Beisitzer: *(hebt seinen Kopf vom Tisch)* Riedkreis san ma net osässisch. Mir san dahoam!

Außenminister: Äh, dann muß mein Assistent wohl meine Unterlagen- *(Der rechte Beisitzer nickt zustimmend.)*

(Der Wirt kommt mit einem Tablett und drei neuen Bieren zum Rednertisch, der Außenminister bedeutet ihm mit einem Zeichen, daß er kein Bier mehr haben möchte. Der Wirt serviert das Bier an die Beisitzer und läßt das dritte auf dem Tablett.)

Wirt: Mir san im Goldnen Ochs. *(Nimmt die leeren Gläser auf und geht wieder.)*

Außenminister: *(langgezogen)* Ah! Ich sehe, ich sehe. Der Goldene Ochse, Goldener Ochse, Moment- dann sind wir hier im schönen- äh-

Rechter Beisitzer: Genau!

Linker Beisitzer: *(zum neuen Glas greifend)* Saßbach. Der Ochs ist in Saßbach.

Außenminister: Saßbach, ah ja.

Rechter Beisitzer: Scho recht!

Außenminister: Da hab ich wohl tatsächlich falsche Informationen- nach Neusach im Riedkreis fahre ich nämlich auch noch, die Flußbegradigung- aber- wir sind schließlich ein Land und letztlich hängt doch alles zusammen, alles vernetzt. Haben Sie eine Stagniolfabrik?

Linker Beisitzer: A geh!

Außenminister: Was haben Sie denn hier so? Saßbach. Hier muß es doch irgendwas geben. Alternativ könnte ich Ihnen anbieten, etwas über die bisherigen Stationen meiner Laufbahn-

Linker Beisitzer: *(unterbricht)* An Holzbock hamma.

Außenminister: Holzbock? Sie haben also ein Zeckenproblem in Saßbach. *(Pause)* Womöglich sehr unangenehm. Wahrscheinlich tut den Zecken die reine Luft hier zu gut *(lacht übertrieben)*. *(plötzlich)* Stagniol! Der Markt für Stagniol-Produkte wird ex – plo – dieren! Alleine, wenn Sie an Indien denken. Bauen Sie eine Stagniolfabrik! Sie können gleich morgen die Fördergelder dazu beantragen. Von Orten mit einer Stagniolfabrik sind mir keine Probleme mit Zecken bekannt.
In Neusach im Riedkreis haben sie auch keinen Holzbock. Ich sage ja: Eigeninitiative!

Rechter Beisitzer: Vergelt's Gott!

3. Szene

Zimmer eines Landhotels. Abend. Der Außenminister im Schlafanzug. Sein Hund.

(Der Hund knurrt.)

Außenminister: Sitz, bei Fuß! Sitz, bei Fuß! Katyr! Hierher! Bei Fuß! *(zu sich)* Ist es denn zuviel verlangt, mal einen Hund auszuführen? Aber in diesen Dorfhotels scheint das noch nicht angekommen zu sein. Alleinreisender Politiker mit Hund. Ist doch keine Seltenheit heutzutage ist der Alleinreisende doch in der Mehrheit. Überall in der Welt, aber nicht in Neusach im Riedkreis. Nur Doppelzimmer, Toilette wahlweise auf dem Zimmer oder auf dem Flur. Immerhin Wahlmöglichkeiten diesbezüglich. Nicht jedoch im Hinblick auf die Möblierung. Betten? Zwei! Der Außenminister wünscht ein Einzelzimmer? Fehlanzeige! Nur Doppelzimmer. Einzelbelegung immerhin möglich gegen Aufpreis.

(Es klopft an der Tür.)

Außenminister: *(zu sich)* Manchmal wünschte

ich, ein ganz normaler Mensch zu sein. Ein Politiker in exponierter Stellung ist eine nachgerade öffentliche Person.

(Die Tür öffnet sich, ein Mann in Arbeitskleidung mit Werkzeugkasten und einer Mischbatterie in der Hand tritt herein.)

Mann: Hams hier die Mischbatterie?

Außenminister: Was?

Mann: *(geht mitten in das Zimmer)* In der Zwölf ist die Mischbatterie kaputt, sagt die Chefin.

Außenminister: Mein Herr, wissen Sie eigentlich, wie spät es ist?

(Der Mann zuckt mit den Schultern.)

Außenminister: *(verärgert)* Zwanzig vor zehn! Konnten Sie das nicht heute Mittag erledigen? Ich hatte einen anstrengenden Tag, mein Herr, Flußbegradigung hier in – in Neusach im Riedkreis, neunter Tag meiner Wahlkampftour, der Außenminister stellt sich dem Volk, und Sie kommen mir mit einer Mischbatterie!

Mann: *(ganz ruhig)* Die Kuh hat gekalbt.

Außenminister: Was hat Ihre Kuh mit-

Mann: *(unterbricht)* Emma. Die Kuh heißt Emma.

Außenminister: *(verärgert)* Ihre Kuh interessiert mich nicht. Wahlkampf, rote Phase! Wissen Sie eigentlich, was das heißt?

(Der Mann zuckt mit den Schultern.)

Außenminister: Po – la – ri – sieren! Jawohl! Da muß jeder seinen Mann stehen, *(laut)* Krieg, mein Herr! Aber in diesem schrecklichen Kuhkaff ist an Ruhe nicht zu denken! Wie soll ich einen Wahlkampf führen, wenn bei mir um zehn Uhr noch die – die

Mann: *(ganz ruhig)* Die Mischbatterie-

Außenminister: *(laut)* Die Mischbatterie repariert wird? Ich habe kein Interesse, kein Interesse daran, daß mein Wahlkampf durch eine Mischbatterie torpediert wird!

Mann: *(ganz ruhig)* Dann muß ich morgen kommen.

Außenminister: Wann?

Mann: *(ganz ruhig)* Um sechs in der Früh.

Außenminister: *(laut)* Ich will sofort mit Ihrer, wie Sie sagen, Chefin sprechen. Augenblicklich!

Mann: *(ganz ruhig)* Die ist beim Liederkranz.

(Der Hund fängt wegen des lauten Außenministers an zu bellen.)

Außenminister: *(laut)* Kraft meiner Berufung als Außenminister dieses ansonsten friedliebenden Landes befehle ich Ihnen, auf der Stelle mit Ihrer Mischbatterie dieses Zimmer zu verlassen!

Mann: *(ganz ruhig)* Jo mai. Dann hams halt kein warmes Wasser.

Außenminister: *(schaut irritiert, schreit)* Raus!

4. Szene

Stagniolfabrik zu Neusach im Riedkreis. Büro des Direktors. Der Direktor und der Außenminister kehren von einer Werksbesichtigung zurück.

Außenminister: Beeindruckend! Wirklich beeindruckend! Wie hier eins ins andre greift. Stagniol in höchster Güte also. Wertarbeit. Der Zinn also aus China, internationaler Einkauf- und am Ende wird es einfach aufgerollt. So, als wenn gar nichts gewesen wäre. Beeindruckend. Tradition!

Direktor: Ganz recht, Herr Minister. Die Neusach'sche Stagniolfabrik G. Rabe Kommanditgesellschaft wurde 1916 von meinem Großvater mütterlicherseits, einem gewissen Gregor Rabe, gegründet und hat sogar die Weltwirtschaftskrise und zwei Weltkriege überstanden. Stagniol aus Neusach war gefragt.

Außenminister: Ja, und erst in Zukunft! Indien, die baltischen Staaten, ein riesiger Markt öffnet sich Ihnen da! Es winken goldene Zeiten, lieber Herr Direktor! Expansion! Machen Sie sich keine Gedanken wegen dem Wald hinter Ihrer Fabrik.

Da läßt sich schon was machen, den bekommen wir schon weg. Ich habe gute Beziehungen, wissen Sie-

(Sein Handy klingelt.)

Außenminister: Moment. Entschuldigen Sie mich, Herr Direktor!

(Nimmt umständlich sein Handy aus der Anzugstasche.)

Außenminister: Olten. *(Pause)* Ah, sehr schön, Sie sind's. *(Pause)* Nein, kein Problem. *(Pause)* Ja, nein, nein, das sollte schon mehr haben. Hundertfünfzig Liter sind für mich nicht akzeptabel. Dreihundert sollten es schon sein. *(Pause)* Gibt es das auch mit runder Panoramascheibe? *(Pause)* Wenn Sie mir das zurückstellen könnten *(Pause)* Ja, dann benötige ich noch eine Umwälzpumpe und einen Heizstab. Hat man überhaupt heutzutage noch Heizstäbe oder sollte ich eher einer Bodenheizung- *(Pause)* Ist in Ordnung und Trockenlaufschutz klingt sehr vernünftig. Falls das Wasser mal- *(Pause)* Den habe ich schon im Katalog gewählt. Schwarzer Glanzkies, mittelgroße Körnung, so zwei bis drei Millimeter. Brauchen Sie sich nicht drum kümmern. Was halten Sie eigentlich von der Keilfleckbarbe? *(Pause)* Ich überlege nämlich, zusätzlich einige Siamesische Saugschmerlen- *(Pause)* Sie sind der Fachmann. Gegen Neons habe ich im Grunde gar nichts, ist halt das Standardprogramm. Da müssen wir uns aber noch mal drüber unterhalten. *(Pause)* Ja gut, einverstanden. Dann bis Freitag, Herr Kollinger. *(Pause)* Ja gleichfalls. Bis dann.

(verstaut sein Handy in der Anzugstasche)

Außenminister: Mein neues Aquarium.
Hat sich in den letzten Jahren ganz schön was getan in der Aquaristik. Wenn ich bedenke, wie ich vor zwanzig Jahren meinen ersten Guppy in diesem Glas-.

(Der Direktor schaut irritiert.)

Außenminister: So, wo waren wir stehengeblieben? Ach ja: Aufschwung, Betriebserweiterung. Also, ich sehe da keine Schwierigkeiten, Herr Direktor, das Landesumweltamt wird die Rodung genehmigen, darauf gebe ich Ihnen mein Wort!

Die sollen die Kirche mal schön im Dorf lassen, was?

Direktor: Herr Minister, eine Betriebserweiterung steht für uns nicht zur Debatte. Ganz im Gegenteil. Der Stagniolmarkt ist rapide zusammengebrochen, wir werden wohl bis zum Jahresende eine unserer drei Walzstraßen schließen müssen. Die Konkurrenz aus China sitzt uns im Nacken, wir leiden schon seit Jahren unter signifikanten Absatzrückgängen. Alleine sechs Prozent im abgelaufenen Geschäftsjahr. China produziert mit einem Fünftel unserer Kosten. Und die Qualität spielt leider nur noch einen Nebenrolle, die Herkunft gar keine mehr.

Außenminister: Nein, wirklich sehr beeindruckend, Herr Direktor. Muß ich schon sagen!

5. Szene

Hotelzimmer des Außenministers. Der Außenminister. Sein Assistent.

Außenminister: Organisation, Herr Teschke! Habe ich im Blut. Nationales Spezialgebiet im Übrigen. Einundzwanzigstes Jahrhundert! Höchste Blüte der Zivilisation, und Sie dabei! Als Wahlkampfassistent einer epochemachenden Regierung. Epochemachendes Personal. Außenamt von herausragender Bedeutung, ich sage nur: globales Denken!

Assistent: Morgen sind wir in Berzbach. Musikalischer Frühschoppen mit dem Jugendblasorchester der Freiwilligen Feuerwehr. Halb elf. Unkritisch, ist eine unserer Hochburgen. Danach Hirschberg. Fünfzehn Uhr. Diskussion um eine Umgehungsstraße im Dorfgemeinschaftshaus. Kontroverse Situation, wird nicht einfach. Unsere Leute sind dafür, die Trasse würde aber eine Verlegung oder Kanalisation des Remsbaches bedeuten. Einiger Gegenwind zu erwarten. Angeblich Naherholungsgebiet.

Außenminister: Ist Ihnen die Fernsehturm-Theorie ein Begriff?

Assistent: Sagt mir nichts.

Außenminister: Die Fernsehturm-Theorie geht auf eine Rede zurück, die ich im August letzten Jahres anläßlich der neunten Lateinamerika-Konferenz in Kolumbien gehalten habe. Sie besagt in ihrer Grundform, vereinfachend gesprochen, folgendes: Stellen Sie sich vor, Sie suchen den Weg vom Fernsehturm zum Bahnhof. Sie waren noch niemals zuvor in dieser Stadt, kennen sich folglich nicht aus. Sie stehen unten vor dem Turm, Ihr Zwillingsbruder steht auf der Aussichtsplattform oben auf dem Turm. Wer von Ihnen beiden erreicht den Bahnhof wohl zuerst?

Assistent: Abgesehen von der Tatsache, daß ich ein Einzelkind bin: ich. Denn ich kann mir schneller ein Taxi nehmen.

Außenminister: Sehr lustig, Herr Teschke. Die Theorie basiert natürlich auf dem Zu-Fuß-Prinzip. Selbstverständlich wird Ihr Zwillingsbruder den Bahnhof zuerst erreichen. Oben auf dem Turm sieht er auf die Stadt herab wie auf eine Karte. Er hat dadurch einen enormen Wissensvorsprung vor Ihnen und damit eine unanfechtbare Problemlösungskompetenz erworben. Eine Abwandlung meiner Theorie transformiert die physische Existenz des Fernsehturmes nun in eine metaphysische. Das bedeutet, es gibt Menschen, die diesen Turmblick haben, ohne physisch auf einem Fernsehturm stehen zu müssen. Ich habe die seltene Ehre, einer dieser Menschen zu sein.

Assistent: Sie sind zweifelsohne zu beneiden, Herr Olten. Doch zurückkommend auf die geplante Umgehungsstraße in Hirschberg-

Außenminister: *(unterbricht)* Zurückkommend auf die geplante Umgehungsstraße in Hirschberg bedeutet dies, daß den Menschen in- in Hirschberg dieser Turmblick ganz offensichtlich fremd ist. Eine Umgehungsstraße kann a) den Warenverkehr signifikant beschleunigen und b) dem Fremdenverkehr einen gar nicht abzuschätzenden Auftrieb verschaffen. Verkehrsfördernd also in jeglicher Hinsicht. *(lauter)* Ist doch alles ganz einfach, liegt doch alles auf der Hand! *(laut)* Alles Blinde! *(wieder etwas leiser)* Wissen Sie, was mich aufreibt? Überall nur Blinde! Hasardeure! Nicht entscheidungsfähig im Grunde! *(schreit)* Gefährliche Leute, Herr Teschke! *(verzweifelnd)* Aber ich kann doch nicht überall sein.

Assistent: Aber gottlob befinden Sie sich ja derzeit auf Tour. Den Menschen in Hirschberg-

Außenminister: *(unterbricht, fragend)* Hirschberg-

Assistent: Die Umgehungsstraße.

Außenminister: Äußerst sinnvolles Vorhaben!

6. Szene

Hotelzimmer. Am nächsten Morgen. Der Außenminister beim Frühstücken. Im Radio läuft "Sun of Jamaica" von Boney M.

Außenminister: *(singt mit, teilweise auch pfeifend)* Sun of Jamaica, the dreams of Malaika, your love is my sweet memory…

(Das Hotel-Telefon klingelt.)

Außenminister: *(stellt das Radio leiser, nimmt den Hörer ab)* Olten. *(Pause)* Ausgezeichnet. Ja, er kann hochkommen. *(legt auf und beißt nochmals in sein Brötchen)*

(Es klopft an der Tür, der Außenminister öffnet sie. Ein Schneider mit einer großen Kiste kommt herein.)

Schneider: Guten Tag, Herr Minister.

Außenminister: Seien Sie gegrüßt, Herr-

Schneider: Burggraf.

Außenminister: Natürlich, Herr Burggraf. Habe in der letzten Zeit so schrecklich viele Namen- das Amt, Herr Burggraf.

Schneider: Selbstverständlich, Herr Minister. Da ist es nun, das gute Stück. War letztlich nur hinten etwas rauszunehmen. Müßte nun akkurat passen.

Außenminister: Ich kann's kaum erwarten. Raus damit!

(Der Schneider öffnet den Karton und holt ein Papstgewand heraus.)

Außenminister: Wunderschönes Stück. Finden Sie nicht auch?

Schneider: Gewiß, Herr Minister. Reinste Seide. Wahrscheinlich Japan. Schauen Sie sich nur mal die Verarbeitung dieses Saumes an.

Außenminister: *(aufgeregt)* So, dann werd ich es wohl mal anprobieren!

Schneider: Lassen Sie sich nicht aufhalten, Herr Minister.

(Der Außenminister streift sich das Papstgewand über.)

Außenminister: *(stolz)* Was sagen Sie dazu?

Schneider: Sitzt wie angegossen. Wie angegossen. Steht Ihnen ganz vorzüglich. Habemus papam, würde ich sagen. Da werden Ihre Kollegen im Kabinett aber vor Neid erblassen!

Außenminister: Nein, nein, das kann ich nicht-Aber tragen kann ich's doch, nicht wahr, Herr Burggraf?

Schneider: Steht Ihnen ganz ausgezeichnet.

Außenminister: Sehr zufrieden, sehr gut! Handwerkskunst, Herr Burggraf!

Schneider: Macht dann vierundzwanzig Euro die Änderung, Herr Minister.

Außenminister: *(irritiert)* Lassen Sie mir Ihre Rechnung zukommen, ich habe jetzt gar kein Geld bei mir. Wie soll ich mich nennen? Pius der Achtzehnte?

Schneider: Das wäre gewiss angemessen. Gut, ich werde Ihnen die Rechnung zusenden.

Außenminister: *(den Schneider abwimmelnd)* Danke, danke, Herr-

Schneider: Ja, dann noch viel Erfolg mit Ihrem neuen Kostüm beim Karneval.

Außenminister: *(schaut ungläubig)* Wie kommen Sie jetzt auf Karneval?

Schneider: *(irritiert)* Ich dachte- Schönen Tag, Herr Minister. *(verläßt das Zimmer)*

Außenminister: Wohl etwas durch den Wind, der Gute.
(Geht zu einem großen Spiegel und betrachtet sich davor ausgiebig in verschiedenen Posen.)

Außenminister: Urbi et orbi. *(sinkt auf die Knie und küßt den Boden)*

7. Szene

Mehrzweckhalle in Hirschberg.

Bürgermeister: So habe ich heute die große Ehre, Herrn Außenminister Olten persönlich hier bei uns in Hirschberg begrüßen zu dürfen. Herzlich willkommen, Herr Außenminister! Vielleicht können Sie durch Ihre Anwesenheit unserem Ort heute etwas Glanz verleihen. Vielen Dank, daß Sie zu uns gekommen sind! Ist ja nicht selbstverständlich, einen waschechten Minister hier in Hirschberg zu Besuch zu haben.

(Der Bürgermeister verläßt das Rednerpult, der Außenminister betritt es. Applaus.)

Außenminister: Reise durch die Provinz. Provinzansichten. Provinzprobleme. Sie wollen eine Umgehungsstraße? Sie wollen keine Umgehungsstraße? Lächerlich! Lachhaft! *(schreit)* Nichtig! *(Pause, dann ruhig)* Es war einmal ein kleiner Aal in einem Bach. Einem Dorfbach, wenn sie wollen. Dieser Aal hatte seinen Lieblingsplatz in einer seichten Stelle des Bachs vor einer Biegung. Er genoß sein Dasein vor der Biegung sehr. Die

Nachmittagssonne spiegelte sich dort zu seinem Gefallen schön auf dem leicht gewellten Wasser. Eines Tages überlegte er sich, eine neue Stelle im Bach zu suchen, denn er vermißte seit einiger Zeit die sich im Wasser spiegelnde Sonne. Er wanderte also über die Biegung hinaus, um wieder eine schöne Stelle zu finden. Er sehnte sich so sehr nach dem Spiel des Lichtes auf dem Wasser. So sehr er aber suchte, fand er doch keine Stelle, die ihm zusagte. *(Pause)* Was der Aal nicht wußte war, daß der Bach inzwischen mit einer Straße überbaut worden war. Seine Suche nach Licht war also vergebens. Doch der Aal suchte weiter und weiter. Was der Aal auch machte, er hätte genau so gut nichts machen brauchen. Das Leben lief längst über ihn hinweg. *(laut)* Irrelevant! Die Politik wird nicht in diesem Nest gemach! Große Politik nicht hier! Umgehungsstraße. Provinzproblem! Lesen Sie denn keine Zeitung? Gibt es in diesem Ort denn keine Zeitung? Am Ende kein Stausee und keine Zeitung! Politik wird auf den vorderen Seiten gemacht! Seiten eins bis drei maximal! Umgehungsstraßen stehen hinten. Füllstoff! Abspann! *(wieder ruhiger)* Natürlich haben Sie eine Wahlmöglichkeit. Eine Umgehungsstraße würde den Ortskern verkehrlich stark entlasten und gleichzeitig den umgeleiteten Verkehr beschleunigen. Höhere Stufe der Lebensqualität. Der Fremdenverkehr könnte auch davon profitieren. Allerdings würde durch den Straßenbau Ihr Dorfbach kanalisiert und unter die Straße gelegt werden. *(wieder zunehmend lauter)* Keine Reflexionsmöglichkeiten mehr auf der Wasseroberfläche! Keine Lieblingsstellen mehr für Aale! Suche danach zwecklos! Nicht von Bedeutung! *(schreit)* Irrelevant!

8. Szene

Restaurant. Abend. Der Außenminister an einem Tisch, vor ihm ein Glas Weißwein.

Außenminister: *(liest in der Karte)* Pangasiusfilet. Nie gehört bis letzten Dienstag. Vorher mir gänzlich unbekannt. Südostasiatischer Salzwasserfisch, filetiert. Sicher am Ende auch nicht anders als Goldbarsch. Letzte Scholle in Neuharlingersiel, nicht mein Ding. Zu intensiver Geschmack, zu stark nach Fisch im Grunde. Andererseits sollte man es auch schon merken können, daß es Fisch ist, wenn es schon Fisch sein muß. Frischer Butterfisch- absolut geschmacksneutral. Die Scholle dagegen- eindeutig Fisch. Feste Gräten, daher auch schwierig zu essen. *(laut)* Iß den Fisch, Mäxchen! Du mußt den Fisch essen, sonst bleibst Du klein und schmächtig, Mäxchen! Fisch ist gesund, Mäxchen! *(wieder leiser)* Kann man eine Siamesische Saugschmerle essen? Und wenn nicht, was passiert dann mit mir, wenn ich eine Saugschmerle esse? Aquakultur. Der Pangasius wird in Aquakulturen gezüchtet. Großgezogen, dabei fast vergiftet und dann rausgezogen. Raus mit ihm, Gräten auch raus und ab in die Friteuse.

Wenn er es schlecht erwischt. Aber das dürfte ihm letztendlich auch egal sein. Der Saugschmerle auch. Absolut nur geeignet zum Braten. Als Kochfisch viel zu klein. Eigentlich sollte man die Saugschmerle höchstens fritieren. Was soll auch schon passieren? Magenkrämpfe höchstens. Aber unwahrscheinlich. Fieber? Ausgeschlossen! Möglicherweise Ausschläge am Hals oder in der Brustgegend. Nichts Gravierendes also. Nichts, was man nicht wieder in den Griff bekäme. Wahrscheinlich passiert überhaupt nichts. Letzten Dienstag der Bericht über den Pangasius. Hotelzimmer in Hirzach und eine Dokumentation über Aquakulturen in Südostasien im Fernsehen. Was soll man auch schon anderes machen, wenn man in Hirzach sein muß. Der Höhepunkt des Abends eine Dokumentation über Aquakultur. Fische sind die höchste Stufe der Evolution im Tierreich. Wenn wir ehrlich sind. Hochkultur! Hat mich immer fasziniert. Mußte ich immer schon essen, damals. Freitags Fisch! Vielleicht noch einmal unter der Woche, aber Freitags immer! Ob ich wollte oder nicht. *(lauter)* Im Grunde hängen mir die ganzen Fische zum Hals heraus! Im Grunde hasse ich sie! *(noch lauter)* Flunder, Rotbarsch, Zander! Von der Evolution dazu bestimmt, ertränkt zu werden! Doch leider haben sie überlebt, daher dieser unnatürliche Lebensraum. *(wieder leiser)* Sich die Not zur Tugend machen. Diese Tiere leben so. Da sind wir uns ganz ähnlich. *(wieder lauter)* Wahrscheinlich wollen Sie mich auch ertränken! Leute, die es nicht so weit gebracht haben wie ich, wollen mich minütlich ertränken! Die von der Opposition natürlich und auch die in den eigenen Reihen! *(schreit)* Preßler, Heimann, Rothaus! Freitags immer Fisch!

Ober: *(kommt zum Tisch)* Mein Herr, haben'S scho gewählt?

Außenminister: Welcher Tag ist heute?

Ober: Der Achtzehnte. Mittwoch.

Außenminister: Der Achtzehnte? *(plötzlich ganz entspannt)* Mittwoch. *(Pause, dann betont)* Der Achtzehnte! *(Pause)* Den Zwiebelrostbraten mit Bratkartoffeln bitte.

Ober: Scho recht. Vielleicht mögen'S noch an Salat dazua?

Außenminister: Wie bitte? Salat? Niemals! Ich hatte doch bereits gewählt! Mich *(betont)* klar-und-deutlich ausgedrückt!

Ober: Ja, ich dacht' halt nur, weil er so guat schmeckt. Frischer Krautsalat, verstehn'S mi?

Außenminister: *(laut)* Fischfutter! Dazu geschaffen, im Bach versenkt zu werden! Versenken Sie ihn am besten auf der Stelle! Noch ist es nicht zu spät! Sofort zum Bach mit Ihnen! Aber wahrscheinlich wächst er da einfach weiter, wie die Fische! Unkraut vergeht nicht, Sie Friteusenkoch!

Ober: *(empört)* Wie reden'S mit mir, Sie Dahergelaufener!

Außenminister: *(schreit)* Sie Volk! Warum tue ich mir das überhaupt an? Komme vorsätzlich zu Ihnen hier herab und erwarte nur Dankbarkeit und was muß ich sehen? Ich habe eine Mission, mein Herr! Aber hier in diesen Waldsiedlungen hat man besser keine Mission! Zwecklos! Waldsiedlungen, das ist der richtige Ausdruck! Höhere Weihen- nicht hier! Erbauung- hier nicht! Niedertracht! Wissen Sie, wer ich bin?

Ober: San'S Gott?

Außenminister: *(zuckt zusammen, dann ruhig)* Was sagen Sie da?!

9. Szene

Salzwiese. Der Außenminister im Papstgewand. Ein Rosmarinstrauch.

Außenminister: Wahrlich, wahrlich ist die ganze Plackerei, ist der ganze Sinn des Lebens letztlich in dem Licht begründet. Dieses Licht, so scheint's mir gerade, winkt mir zu, will, daß ich komme. Komm Du zu mir Licht, komm zu mir und werde meine Fackel, gib mir Macht!

Rosmarin: Wer zum Licht strebt, steht selbst im Dunkeln. Wer nach Macht strebt, hat in Wahrheit keine. Ewig strebt der Mensch nach dem, was er nicht hat!

Außenminister: Jeder strebt nach Macht. Macht zu haben ist der Schlüssel, so denkt jeder. Doch für mich ist Macht zu *haben* nicht das Ziel. Das Licht dort kann mir helfen, Macht zu *sein*.

Rosmarin: Menschenträume gibt's gar viele. Doch auch nur, solang man schläft. Wacht man auf, sind sie geplatzt. Anders sieht es aus bei jenen, die im Wahn gefangen sind. Diese wachen niemals auf.

Außenminister: Licht, komm zu mir! Dein gleißender Schein sei meine Mitra, Deine Kraft mein Hirtenstab! Kommst Du zu mir, wird ganz neue Macht geschaffen! Etwas Neues wird entstehn, gigantisch! Bar jeglicher Barrieren wie Dein Strahl! Wir werden Kläger sein und Richter, Vollstrecker und auch letztlich Gott! Laß es beginnen, komm zu mir!

(Das Licht nähert sich langsam, bis es schließlich oberhalb des Außenministers zu stehen kommt und auf ihn herunterstrahlt.)

Rosmarin: Vergänglich ist der Mensch, das ist sein Schicksal. Drum nutze er die Zeit, wie's ihm beliebt. Doch kennt er keine Grenzen, macht er Fehler. Die werden später ihm noch schmecken bitterlich!

Außenminister: Ich kenne keine Grenzen, nur noch Welten. Die Einheit hat sich X-fach potenziert! Vom Morgengrauen bis zum Abend ist die Länge. Die Breite von der Sonne weg nach außen bis zum letzten Stern am hohen Firmament! Mein Licht umfaßt bald diese Fläche, ich werde leuchten wie die Sonne in der Nacht! Hell wird es sein, hell überall! Die Weltenwende steht bevor unmittelbar! Ich halt' den Stab nun fest und walte, wie's ein Gott nicht vermögen konnt' bisher! Der macht kein Fehler, der die Wahrheit definiert!

Rosmarin: Hier hilft kein Wort nun mehr, 's ist offensichtlich! Der Mensch ist Spielball seines Geists ausschließlich und keinen Einfluß hat er mehr auf ihn. Wach auf, Mensch, oder versink für immer im Labyrinth des Sternennebels irgendwo in Dir!

Außenminister: *(laut, machtvoll)* Pius der Achtzehnte steht hier! *(Blitz und Donner setzen ein. Der Rosmarinstrauch wird vom Blitz getroffen und geht in Flammen auf.)*

10. Szene

Ein Nachtwächter mit Lampe.

Nachtwächter:
Hört, ihr Herrn, und auch ihr Damen.
Wieder hat es zugeschlagen.
Mit dem Anstand eines Schweins.
In die Fresse trauten Seins.
Wahnhaft' Handeln, Allmachtsgeist
Hat sich hier dazu erdreist',
Sich zu suchen eine Braut.
Wohl dem, der das Spiel durchschaut.
War das nötig? War es nicht!
Doch Grund zur Sorge gibt es nicht.
In Saßbach, Neusach ist man froh.
Und in Hirschberg sowieso.
Pius hat sein Ziel gefunden.
Bleibt nicht länger bei uns unten.
Das Kabinett ist sehr verstört,
Was man vom Kollegen hört.
Wollt' man doch die Wahl gewinnen.
Dieses Ziel seh'n sie fortschwimmen.
Ja, so ist es mit dem Glück.
Manchmal fehlt ein kleines Stück-

Hört, ihr Herrn, und laßt euch sagen,
Unsre Glock' hat neun geschlagen!
Wahr't das Feuer und das Licht,
Daß dem Haus kein Leid geschicht!

(zieht langsam weiter und ist schließlich verschwunden)

Menschen wachen kann nichts nützen,
Gott muß wachen, Gott muß schützen;
Herr, durch Deine Güt' und Macht,
Schenk uns eine gute Nacht!

11. Szene

Wohnung des Kanzleramtsministers. Später Abend. Der Bildungsminister, der Minister für Wirtschaftliche Zusammenarbeit und Entwicklung und der Kanzleramtsminister beim Würfeln.

Minister für Wirtschaftliche Zusammenarbeit und Entwicklung: *(würfelt)* Dreiundvierzig. *(reicht den Würfelbecher weiter)*

Kanzleramtsminister: *(würfelt)* Fünfundsechzig. *(reicht den Würfelbecher weiter)*

Bildungsminister: *(würfelt)* Pasch Drei.

Kanzleramtsminister: Oh, oh, oh!

Minister für Wirtschaftliche Zusammenarbeit und Entwicklung: Will ich sehen!

Bildungsminister: *(hebt den Würfelbecher hoch)* Ich geb's ja zu. *(reicht den Würfelbecher weiter)*

Minister für Wirtschaftliche Zusammenarbeit und Entwicklung: *(würfelt)* Einundsechzig. *(reicht den Würfelbecher weiter)*

(Der Kanzleramtsminister würfelt.)

Bildungsminister: Was hast Du mir anzubieten?

Kanzleramtsminister: Zweiundsechzig. *(reicht den Würfelbecher weiter)*

Minister für Wirtschaftliche Zusammenarbeit und Entwicklung: Bin gespannt!

Bildungsminister: *(würfelt)* Dreiundsechzig.

Minister für Wirtschaftliche Zusammenarbeit und Entwicklung: Vergiß es, deck auf!

Bildungsminister: *(deckt auf, hat dreiundsechzig)* Hättest Du nicht gedacht, was?

Minister für Wirtschaftliche Zusammenarbeit und Entwicklung: Richtig. Nicht von Dir!

Bildungsminister: Red nicht, mach weiter!

Minister für Wirtschaftliche Zusammenarbeit und Entwicklung: *(würfelt)* Pasch eins!

Kanzleramtsminister: *(Pause)* Gib her! *(würfelt)*

Bildungsminister: Pasch vier?

Kanzleramtsminister: Pasch drei.

Bildungsminister: Hoch damit!

Kanzleramtsminister: *(hebt den Becher hoch)* Versuchen mußt ich's. *(würfelt)* Vierundfünfzig. *(Reicht den Würfelbecher weiter.)*

Bildungsminister: *(würfelt)* Pasch vier.

Minister für Wirtschaftliche Zusammenarbeit und Entwicklung: Mist! *(zögert)* Ich seh's Dir an! Zeig her!

Bildungsminister: Wenn's sein muß. *(deckt auf, hat Pasch eins)*

Minister für Wirtschaftliche Zusammenarbeit und Entwicklung: Wie kann man nur so blöd sein! Pasch eins!

Kanzleramtsminister: *(stimmt an)* Flieg nicht so hoch, mein kleiner Freund-

Bildungsminister: Verdammt!

Minister für Wirtschaftliche Zusammenarbeit und Entwicklung: Man sieht's Dir wirklich an, laß es!

Bildungsminister: Bin halt eine ehrliche Haut. *(Pause)* Ich kann es immer noch nicht fassen! Pius der Achtzehnte! Unser Mäxchen hat es zu etwas gebracht! *(lacht, würfelt)* Einunddreißig. *(gibt den Würfelbecher weiter)*

Minister für Wirtschaftliche Zusammenarbeit und Entwicklung: Die Karrierestufe stand ihm ja prinzipiell auch offen. Katholisch ist er ja. Selbst das Zölibat hätte er akzeptiert. Dank seiner ganz eigenen Art mußte er es ja schon sein ganzes Leben lang ertragen. *(Alle lachen, der Minister für Wirtschaftliche Zusammenarbeit und Entwicklung würfelt.)* Einundfünfzig! *(reicht den Würfelbecher weiter)*

Kanzleramtsminister: Aber mal Spaß beiseite. Er hat uns als seinen Kabinettskollegen und der Partei einen Bärendienst erwiesen.

Bildungsminister: Wer macht denn nun weiter? Was meint ihr?

Kanzleramtsminister: Der Alte soll schon Preßler gefragt haben. Wäre auch der Einzige, dem ich's zutrauen würde. Aber abgesehen davon, daß er ihn gefragt haben könnte, ist jede Überlegung in diese Richtung absolut überflüssig. Dank Pius wird die Wahl für uns ohnehin zum Debakel! Ist für uns der Super-Gau! Meine Herren, wir waren die längste Zeit Minister!

Minister für Wirtschaftliche Zusammenarbeit und Entwicklung: Plötzlich dreht er durch und bringt uns dadurch alle um unser Amt. Ich werde ihn in der Anstalt nicht besuchen. Überhaupt-Max Olten. Was den Alten damals wohl geritten haben mag, gerade ihn zum Außenminister zu berufen. Hätte er sich damals schon für Preßler entschieden, wäre uns dieses ganze Debakel erspart geblieben. Olten war doch nie ernst zu nehmen. Kleiner Mann mit großen Komplexen, schon immer.

Kanzleramtsminister: Außenminister Max Olten plötzlich Papst. Und das zwei Tage vor der Wahl!

War so nicht geplant. Die Runde geht klar an die Opposition! *(würfelt)* Vierundfünfzig. *(reicht den Würfelbecher weiter, schaut aus dem Fenster)* Sagt mal, seht ihr auch dieses helle Licht da draußen am Himmel?

Minister für Wirtschaftliche Zusammenarbeit und Entwicklung: *(schaut auch hinaus)* Es kommt immer näher, rast runter zur Erde!

Kanzleramtsminister: *(steht auf, geht zum Fenster)* Habe ich noch nie gesehen! Unglaublich! Was ist das? Ein Komet?

Bildungsminister: *(würfelt, deckt auf)* Mäxchen!

(Der Minister für Wirtschaftliche Zusammenarbeit und Entwicklung und der Kanzleramtsminister schauen den Bildungsminister, der selbst einen Schreck bekommen hat, entgeistert an. Der Bildungsminister zeigt ihnen die Würfel auf dem Bierdeckel, alle drei schauen die Würfel ungläubig an und dann zum Fenster heraus.)

1961

ISOLDE
Tragödie in zwei Akten

Personen
Herzog August von Osnabrück
Isolde, Prinzessin, des Herzogs Tochter
Fräulein von Wengern, Isoldes Kammerzofe
Drei Schauspieler
Drei Reiter des Herzogs
Ein Bedienter
Ein Bediensteter

Beschreibung der Akteure und Kostüme

Herzog: Anzug im Stile der fünfziger Jahre, mittelblau, altweißes Hemd ohne Krawatte, oberster Knopf geöffnet. Der Herzog ist von kräftiger, etwas untersetzter Gestalt, weiche Gesichtszüge. Typ Wirtschaftswunder. Sympathisches Aussehen, ca. 60 Jahre alt.
Isolde: Schwarze Cargo-Hosen, gelbes T-Shirt, darüber kurze schwarze Jacke. Braune Stiefel mit breiten Absätzen, schlanke Gestalt. Alter: Mitte/ Ende 20.

Kammerzofe: Schwarzes Kleid mit weißer Schürze. Unschuldiges Aussehen, Typ Zimmermädchen. Alter: Anfang 20.
Bedienter: Schlank, hellgraue Stoffhose mit Bügelfalten, brauner Rollkragen-Pullover
Schauspieler: Lässig gekleidet, T-Shirts, Alter: 30–40 Jahre.
Reiter: Uniform. Blaue Uniformjacken mit silbernen Knöpfen in zwei Reihen. Jacken offen getragen, darunter weiße Hemden. Graue Hosen mit roter Hosennaht, keine Mützen etc. Schwarze Stiefel. Alter: ebenfalls 30–40 Jahre.
Bediensteter: Komplett schwarz angezogen, hagere Gestalt, insgesamt etwas unheimliches Aussehen.

Durch die Kostüme, die verschiedenen Epochen entstammen, soll die Handlung jedes zeitlichen Bezuges enthoben werden. Die Handlung findet daher gewissermaßen jederzeit statt.

Requisiten/Licht

Nüchterne Räume, einfarbig in schmutzigen Pastellfarben gestrichen, keine Möblierung bis auf das Nötigste, i.d.R. Tisch und Stühle. Sämtliche

Räume bestehen nur aus den Seiten- und Rückwänden und sind nach oben offen.

Sommerresidenz: Gelbe Wände, Koffer, Kartons und mit weißen Tüchern abgedeckte Bilder und ebenso weiß abgedeckte Möbel. Schräg und tief einfallendes helles Licht von rechts durch ein schmuckloses Fenster.
Raum des Herzogs im Schloß: Keine Fenster, dunkler Rot-Ton, rechts eine Tür. Tisch, Anrichte und Stühle, alle dunkelbraun. Ein prachtvoller, stoffbezogener Regierungsstuhl. In der Mitte des Raumes herunterhängender Kristalleuchter. An der Rückwand ein beinahe lebensgroßes Bild des Kaisers in Uniform.
Gemach Isoldes: Türen nach beiden Seiten, rechts zum Nebengemach, links zu einem Korridor oder Vorraum. Wände in einem Grün-Ton gehalten. An der Rückwand ein Fenster zum Garten. An der rechten Wand eine Kommode, zur Rückwand hin zwei einfache Holzstühle. Kommode und Stühle weiß gestrichen.

UND DER TAG IST FINSTER VOR SCHME

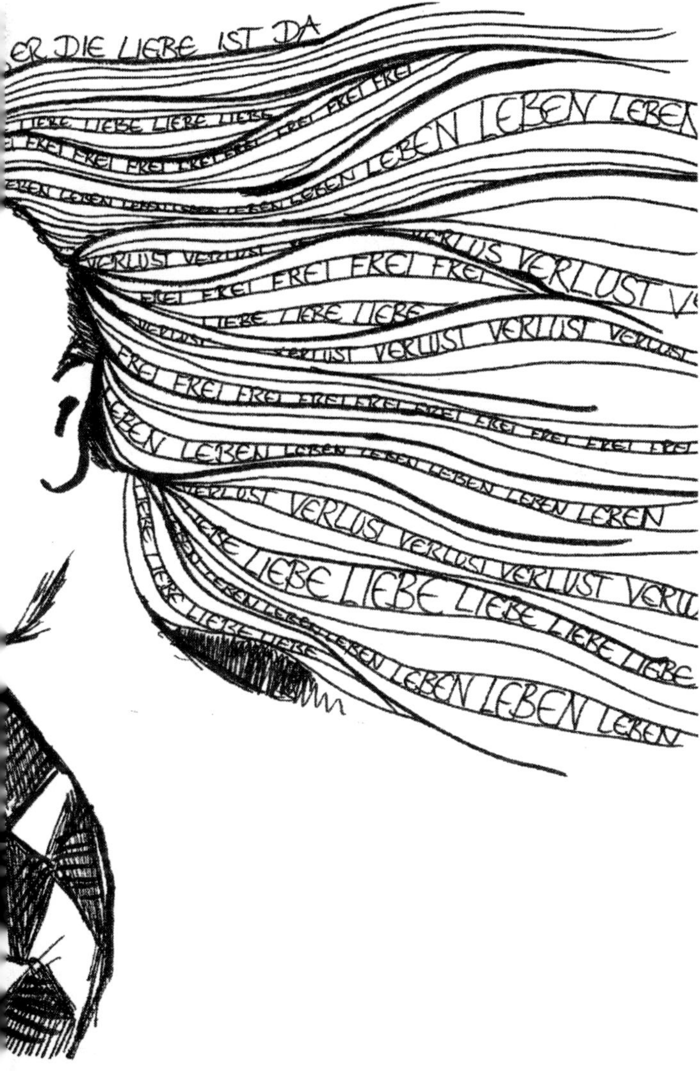
ER. DIE LIEBE IST DA
LIEBE LIEBE LIEBE LIEBE
FREI FREI FREI
LEBEN LEBEN LEBEN
VERLUST VERLUST
FREI FREI FREI
VERLUST VERLUST
LIEBE LIEBE LIEBE
VERLUST VERLUST VERLUST
FREI FREI FREI
LEBEN LEBEN
VERLUST LEBEN LEBEN
LIEBE LIEBE VERLUST VERLUST VERLUST
LIEBE LIEBE LIEBE LIEBE
LEBEN LEBEN LEBEN

Erster Akt

1. Szene

Herzogliche Sommerresidenz nahe Osnabrück. Oktober. Allgemeines Rüsten zum Aufbruch auf den Stammsitz. Saal. Kisten zum Abtransport bereit. Der Herzog und der Bediente.

Herzog: Laßt den Marschall Befehl geben, auszureiten. Unsere Zeit hier ist für dieses Jahr abgelaufen, die Kraniche sind schon gen Süden gezogen. Das Stammhaus will wieder verwaltet sein.

(Bedienter ab)

Herzog: Wenn einer mich denn fragen würde, ja ich wollt', wir wären wie die Kraniche, wir flöhen, wenn der kalte Windhauch uns die Flügel lahmen will, aber wir wüßten auch, wann wir zurückzukehren hätten! Lernte der Mensch doch von der Natur! In allem rund, nicht der Mensch hat das Rad erfunden, er hat es von der Natur nur übernommen. Dieses Ewige, Verläßliche. Wiederkehrend stillschweigend vereinbarungsgemäß.

Erhebt sich der Mensch aus der Natur, kündigt er jenen natürlichen Kontrakt auf. Dann muß er das Rad erst wieder für sich neu erfinden. Und dieses Rad wirkt nicht nur hölzern, es ist es auch! Drum brechen wir nicht den Kontrakt, denn er ist heilig, und hüten uns in Zukunft auch davor!

(ruft nach dem Bedienten)

Bedienter: *(kommt herein, verneigt sich)* Gnädiger Herr, Sie wünschen?

Herzog: Ich hatte eben gar nicht nach meiner Tochter gefragt. Gibt es Neuigkeiten von ihr?

Bedienter: Nein, gnädiger Herr, bedaure. Von Ihrer Tochter hat uns noch keine Meldung erreicht. Die Reiter, die Sie ausgesandt, sind noch immer nicht zurück. *(Bedienter ab)*

Herzog: *(zu sich)* Wo ist Isolde? Im Grunde müßte ich fragen: Wo maßt sie sich an, zu sein? Acht Tage schon verschwunden, seit dem Tag des großen Fests. *(Ahnungsvoll)* Sie wird doch nicht- *(hält kurz inne, läßt den Kopf sinken, um danach um so energischer fortzufahren)*. Gibt es eine schlechtere Auslegung des Begriffes ‚Verantwortungsbewußtsein' als jene Flucht? Hat nicht selbst jeder meiner Stalljungen mehr Ehrfurcht vor dieser Tugend? So scheint es mir, denn gebürstet und gestriegelt sind die Pferde an jedem Morgen, den dieses Haus sieht, allemal. Unglaublicher Verrat! War ich nicht immer für sie da? Hab ich ihr nicht den unausgesprochensten Wunsch von den Lippen abgelesen? Das Leben hier bei Hofe bringt Vorteil ihr unendlich! Fast dünkt mir, sie sei nicht ganz bei Sinnen! Ist es ihrer Jugend gezollt? Der knappe Brief, den Sie mir schrieb, zeigt deutlich, was er nur eben zeigen muß. Das war kein reiflich überlegtes Handeln, das war ganz plötzlicher Entschluß. Geschrieben hastig, wie in Eile, teilt er mir mit, sie suche nun das Leben. Als ob sie das hier nicht zuhauf hätte! Im Wahn geflohen, merkt sie ihren Fehler, wenn sie aufwacht. Und weit kann sie nicht sein, mein zartes Mädchen. Doch finden muß ich sie mit allen Mitteln! Oh, kämen doch die Reiter bald zurück! Die Order lautet: Sucht sie, wo sie ist, doch laßt sie dort. Nur will ich wissen, wo sie ist und was sie tut. Die Zeit sei ihr gegönnt, läuft sie denn auch für mich. Denn ganz gewiß ist eines: Wie der Kranich im Frühjahr wird sie auch wieder fliegen heim, sie wird nicht anders können, ein jeder braucht doch schließlich nach weitem Flug sein Nest. *(ab)*

2. Szene

Dorfanger. Mit Blumen und Ästen geschmückte Holzbühne. Einige Bürger. Theateraufführung. Auf der Bühne Isolde als Schauspielerin, von zwei weiteren Schauspielern links und rechts festgehalten.

Isolde: Laßt mich los, Rabauken!

Erster Schauspieler: Wärst Du nicht von uns gehalten, gefangen wärst Du doch in Deiner Haut!

Isolde: Das ist nicht wahr! Frei wär' ich dann!

Zweiter Schauspieler: Ergib Dich Deinem Schicksal, Isolde! Gesäet hat der Vater, gewachsen ist die Frucht. Der Ort ist damit festgelegt, an dem die Staude steht. Nur dort wird sie erblühen.

Isolde: Und dort verwelkt sie auch! Verflucht die Wurzeln! Den freien Schritt, den hat der Mensch naturgegeben der Pflanze doch voraus. Aber um diesen freien Schritt auch gleich wieder zu unterbinden, verpaßt man den Menschen qua Geburt Wurzeln, metaphysische, dafür. Die Menschheit strebt nicht danach, frei zu sein. Warum sonst wird hierzuland der Wald so hoch gepriesen? Das unbeweglichste Geschöpf in der Natur ist wohl der Baum. Der Wald daher ein Stelldichein an Unfreiheit! Die freie Tat, der freie Schritt gilt sonders als verdächtig! Nicht anders ergeht's der Schauspielzunft.

Erster Schauspieler: Wurzeln geben Dir Halt im Sturm und nähren Dich. Verloren wärst Du ohne sie!

Isolde: Wenn sie mir Halt geben sollen, warum trotzen sie nicht dem Sturm? Stürme gibt's zuhauf auf dieser Welt, überall schwirren Entwurzelte herum. Doch waren deren Wurzeln vermutlich zu schwach, um die Frucht zu halten. Meine Wurzeln dagegen waren zu stark. Sie gaben mir keinen Halt, sie ließen mich erstarren und raubten mir der Gedanken Flug. Sie nährten mich nicht, sie pumpten mich voll mit Nahrung, bis ich den Appetit auf Neues schließlich ganz verlor. Entledigt hab' ich mich der Wurzeln nun auf freien Wunsch! Ihr wollt mich halten? Dafür ist es nun zu spät! So wie der Vogel ungehemmt über die vom Menschen bestimmten Grenzen fliegt, so sei ab jetzt auch meine Bahn gewählt!

3. Szene

Stammschloß des Herzogs in Osnabrück. Mitte Oktober. Amtszimmer des Herzogs. Der Herzog stehend, der Bediente tritt ein.

Bedienter: Die Reiter sind zurück, gnädiger Herr. Sie ritten gerade eben durch das Tor.

Herzog: Ich wünsche, sie auf der Stelle zu sehen! Zeit ist seit Isoldes Flucht zwar schon zuhauf verstrichen, doch eine neue Kunde von ihr nicht zu kennen macht mich rasend!

Bedienter: Alle drei?

Herzog: Alle!

(Der Bediente geht zur Tür, öffnet diese und bittet die drei Reiter herein. Die Reiter treten ein und verneigen sich vor dem Herzog.)

Herzog: Seid mir gegrüßt, das wurde ja auch Zeit!

Erster Reiter: Mein Herzog, doch bitte bedenkt,

daß wir gerade erst vorgestern abend nach langem Ritt-

Herzog: *(unterbricht)* Ja, Ja! *(Pause)* So sprecht! Konntet ihr Isolde finden? Ist sie gesund und wohlauf?

Erster Reiter: Gesund ist sie, o Herr, und auch wohlauf. Ich denke gar, sie ist bei allerbester Laune.

Herzog: Daß sie gesund ist, freut mich sehr. Isolde lebt und ist gesund. Sie ist alles, was ich habe, mein Herz hängt an ihr. Doch was? Was macht sie denn? Wo ist sie? Was hebt denn so besonders ihre Laune? Ich bitte euch eindringlich, sprecht!

Erster Reiter: Nun, wir sahen sie in einem Dorfe nahe Dissen.

Herzog: Nahe Dissen? Was macht sie dort? Wie habt ihr sie gefunden? Ich flehe Euch an!

Erster Reiter: Wie wir verließen Osnabrück, trafen wir am nächsten Tag gegen Mittag in einem Dorf an der Chaussee auf einige Leute, die gerade damit beschäftigt waren, eine Bühne abzubauen. Wir fragten, ob sie ein junges Mädchen gesehen hätten und beschrieben Ihre Tochter. Einer der Anwesenden meinte, es könne sich um die Schauspielerin handeln, die mit ihrem Troß am Vormittag den Ort verlassen habe.

Herzog: *(ernüchtert, leise)* Oh meine schlimmsten Befürchtungen und Ängste! *(plötzlich bestimmt)* Ganz und gar unmöglich! Ihr habt diese irrlichternde Spur doch nicht verfolgt? Das würde Isolde niemals machen, ein solches Leben entzöge sich vollends ihrer Natur. *(aufgeregt)* Doch weiter!

Erster Reiter: Mein Herzog, es war unsere einzige Spur. Sie zogen weiter Richtung Dissen und wollten unterwegs noch da und dort gastieren. Mehr konnte man uns an diesem Ort nicht sagen. Wir ritten also weiter auf der Chaussee und wurden schon im nächsten Orte fündig. Gnädiger Herr, Ihre Tochter hat sich, kurz gesagt, den drei Schauspielern angeschlossen, die anläßlich Ihres Auszugsfestes aus der Residenz-

(der Herzog unterbricht)

Herzog: Keine Silbe! Keine Silbe weiter! Mir stockt der Atem, ich ringe nach Luft! Diese Worte schneiden wie Messerstiche in meine Brust! Hinaus mit euch, ich muß alleine sein!

(die Reiter ab)

Herzog: Will sie mich umbringen? Will sie ihren alten Vater umbringen? Meine Tochter in den Klauen von fahrendem Volk! Oh Sittlichkeit, was hat meine Tochter nur dazu bewogen, aus warmem Wasser, kaum, daß sie gelernt zu schwimmen, in ein Haifischbecken gleich zu springen? Der gute Leumund unseres Hauses, ist ihr denn alles nur egal? Ach, warum kann es nicht so sein wie früher, als feste Bande herrschten noch im Haus? Als eitel Eintracht alle machte stark, und jeder war für jeden stets zur Stell'? Das war gut Leben, das *ist* gut Leben! Mir ist bewußt: Das alles ist vergänglich, wenn es nicht gleichsam längst vergangen ist. Doch martern tut mich die Gewißheit sehr und wüßt' nicht weiter im Verbund mit ihr zu leben. Ja, die Natur! Die schafft das große Runde, wo niemand einzugreifen braucht!

Wo Menschenhand, greift sie denn ein, das Lot nur stört. Doch wart! Wie kommt mir der Gedanke? Das ist Naturgesetz, kein Zweifel. Doch steht der Mensch inmitten der Natur? Steht er nicht drüber? Hat er sich denn nicht längst von ihr enthoben? Den Vertrag nicht längst zerrissen unbemerkt? Blickt an nur diese Mauern, diese Hallen! Schaut her zu diesem prächt'gen Herzogsthron! Wie irrt' ich doch! Wir haben unser eigen Regiment begonnen und sind schon längst nicht mehr ihr Knecht! So laß es regnen, laß es donnern, laß es schneien! Den Tieren draußen in der Natur ist's gottgegeben. Den Mauern, die der Mensch geschafft, ist's einerlei. Geschützt von ihnen kann sich alles weidlich regen. Drum ist's ein Fehler, diese Regeln zu verfolgen, die längst schon neu geschrieben sind! Hier ist's des Vaters Los, zu handeln, damit sich alles wieder fügt. Denn hab ich's mit dem Rad der Schöpfung nicht zu tun, so kann es fürderhin sich auch nicht drehen! *(ruft nach dem Bedienten)*

Bedienter: *(tritt ein)* Gnädiger Herr.

Herzog: Es ergeht nun diese strikte Weisung: Man hole mir Isolden heim ins Schloß und was diese Elemente betrifft, mit denen sie herumzuziehen scheint: Man lasse sie ziehen, und zwar ausdrücklich! Sie sollen wissen, daß sie, sollten sie jemals wieder ihre dreckigen Stiefel auf den Boden meines Herzogtums setzen, das Tageslicht für lange Zeit nicht wiedersehen werden! Man gebe den Reitern neue Pferde. Sie sollen ihren Ritt noch heute antreten und es nicht wagen, ohne meine Tochter heimzukehren!

Bedienter: Sehr wohl, gnädiger Herr. *(ab)*

(Der Herzog setzt sich auf seinen prachtvollen Thron und sackt in sich zusammen.)

4. Szene

Lager der Schauspieler in einem Ort nahe Dissen. Müßiggang am Mittag nach der Vorstellung. Isolde und einer der Schauspieler auf einer Wiese. Eine Flasche Wein, zwei Gläser.

Isolde: Ach Albrecht, welch ein herrlicher Tag ist heute! Es ist Oktober, doch mir ist's, als zeige sich der Lenz in seinem schönsten Kleid. Bald jeden Tag an neuer Stelle, grad eben da, wo wir es woll'n, zur Nacht ums stille Feuer sitzend, am Tag das Himmelszelt als Haus. So frei durch Gottes schöne Welt zu zieh'n ist wirklich ein Genuß! So soll's nur immer munter weitergeh'n, das nenn' ich Leben!

Erster Schauspieler: Der Tag ist wirklich schön, Isolde! Du gibst ihm noch die höchste Zier. Es freut mich, daß es Dir mit uns gefällt! Du fühlst den Lenz, das freut mich sehr. Das Wetter scheint es wirklich gut mit uns zu meinen. Doch siehst Du vielleicht manches zu verklärt. Dem Herbst wird auch das Wetter bald nun folgen und dann bricht Kälte rein in unser Haus. Und gar so frei sind wir nun auch nicht, erstreben müssen wir die Gunst des Volkes jeden Tag aufs neue. Ein harter Kampf ums Brot ist unser Leben nun mal auch, bedenke das!

(schaut sie verschüchtert und ängstlich an)

Isolde: Was hast Du, Albrecht?

Erster Schauspieler: *(hastig)* Nichts, nichts.

Isolde: Ich seh's an Deinen Augen, raus damit!

Erster Schauspieler: Träum ich, Isolde?

Isolde: *(lacht)* Das tust Du nicht. Es sei denn, ich träumte auch. Das will ich momentan auch gar nicht ausschließen.

Erster Schauspieler: Vielleicht ist's ein gemeinsamer Traum.

Isolde: Mag sein. Doch besser wär's, es wär kein Traum. Ich zieh die schöne Wirklichkeit dem schönen Traum doch vor.

Erster Schauspieler: Bleibst Du bei uns?

Isolde: Wollt ihr es denn?

Erster Schauspieler: Bliebst Du nicht bei uns, würd' uns vieles fehlen. Ich möchte ungern daran denken, wie es wär'. Zu wichtig bist Du schon für uns.

Isolde: Für euch?

Erster Schauspieler: *(verlegen)* Ja, auch für mich.

(Er möchte sie küssen, traut sich aber dann doch nicht.)

Erster Schauspieler: *(lenkt ab)* Ist Dir unser Stück denn nicht zu ernst? Ich bewundre Deinen Mut, doch solltest Du Dich, nach allem was geschehen, vielleicht auch mal zerstreuen.

Isolde: Ich find' mich darin wieder. Und auch die Leute mögen unser Spiel und können seiner Botschaft sehr viel abgewinnen. Das ganze Land verlangt nach Freiheit, wir kratzen jeden Tag an Volkes Nerv. Der Mensch sollt' frei sich könn' bewegen, dürft' leben, wie es ihm geziemt. Gibt es ein' Sinn in meinem Leben, so ist es der, die Menschen wachzurütteln. Die Fesseln, die uns durch Geburt gegeben, sind Zufall nur und nicht bestimmt durch eignen Willen. So laßt uns sie denn sprengen!

Erster Schauspieler: Es kommt mir vor, als hätt der Himmel Dich geschickt, Isolde! Dein Freiheitsdrang gleicht meinem und zeugt von starkem Wesen, Dein Anblick läßt mich jede Schwerkraft missen. Ich hoffe nur, Du bleibst uns hier erhalten, da ich wohl weiß, daß das nicht selbstverständlich ist. Es herrscht die Ausnahme in unserm Lager, des Herzogs Tochter im Verbund mit Gauklern! Ich wünscht', ich könnt' die Zeit anhalten und hoff', daß es so ewig bleibt! Laß uns zusammen brechen die Barrieren, die der Mensch durch Stände hat geschaffen! Auf unser Glück, Isolde, laß uns trinken und in der Lust drauf ganz mit Haut und Haar versinken! *(Beide stoßen an und küssen sich nach einem Schluck aus den Gläsern leidenschaftlich.)*

5. Szene

Chaussee zwischen Osnabrück und Dissen. Kreuzung. Die drei Reiter, bewaffnet. Dämmerung.

Zweiter Reiter: Kameraden, unser Vorhaben gleicht der Suche nach der Nadel im Heuhaufen! Sie können jeden beliebigen Weg eingeschlagen haben, und davon gibt es viele hier. Wer sagt uns, daß sie wirklich Richtung Dissen ziehen? Sie können ihr Ziel doch schon längst geändert haben.

Erster Reiter: Ich denke schon, daß sie auf der Chaussee geblieben sind. Sie werden es einer Prinzessin nicht zumuten wollen, über Stock und Stein zu ziehen. Viel zu beschwerlich.

Dritter Reiter: Ihr war die Flucht schon nicht zu beschwerlich, warum sollte sie nun einen holprigen Acker meiden? Doch Du hast Recht. Ihr Ziel war Dissen, wir ändern nicht die Richtung.

(Pause)

Dritter Reiter: Wie wird nun wohl dem Alten

zumute sein? Ich glaub', unsre Meldung traf ihn mitten ins Gesicht.

Erster Reiter: Wie sollt's ihm anders gehen? Ich wollt' in seiner Lage jetzt nicht sein. Soviel steht fest.

Zweiter Reiter: Der Herzog würde sich jetzt wohl gerne seine letzten Haare vom Kopf reißen. Schließlich hat er die Schauspieler ja selbst zu sich in die Residenz eingeladen. Zum alljährlichen großen Auszugsfest aus der Residenz läßt er sich ja immer etwas Besonderes einfallen. Ein Schauspiel also diesmal. Herrliches Wetter, allgemeine Ausgelassenheit. Dann im Verlauf des Festes die Darbietung der drei Schauspieler. Nicht gerade nach meinem Geschmack, wenn Ihr mich fragt. Interessanter als das Spiel für mich war weitaus die Prinzessin. Habt Ihr gesehen, wie ihre Augen gefunkelt haben, wie sie, ganz ins Spiel versunken, der Handlung folgte, als sei sie selbst ein Teil davon? Wie sie danach minutenlang noch stehend ihnen applaudierte? Das sah mir nicht nach bloßer Wertschätzung aus, da war viel mehr – *(er hält kurz inne)* Da war Begeisterung, die in ihr etwas weckte. Etwas, das vielleicht schon immer in ihr schlummerte, wachte plötzlich auf und wollte mehr. Danach sah es für mich aus. Ich hab' noch nie einen Menschen so erlebt!

Erster Reiter: Der Weckruf muß ziemlich nachhaltig gewesen sein und das, was da schlummerte, wohl riesengroß. Noch in der Nacht des Festes muß sie den Entschluß gefaßt haben. Jedenfalls waren am nächsten Morgen nicht nur die Schauspieler weg, sondern auch die Prinzessin.

Dritter Reiter: Sie wirkte traurig und bedrückt seit dem Tod der Herzogin. Letztendlich war sie seitdem alleine, dem Herzog lassen die Amtsgeschäfte ja kaum Zeit für sie. Und dann die Schauspieler, ein ganz andres Leben sah sie da. So glücklich und unbeschwert wie an jenem Abend hab' auch ich sie am Hofe seit dem Tod der Herzogin nicht mehr gesehen. Kam mir vor, als sei sie neu geboren. Der Gegenentwurf zu ihrem Leben tat sich da plötzlich vor ihr auf. Ich kann sie gut verstehen. Man ißt den Fisch, bevor er stinkt.

Zweiter Reiter: Ganz meine Meinung, Richard.

Sie zurückzuholen in des Alten Schloß behagt mir daher nicht.

Erster Reiter: Ihr habt schon recht, ich sah es so wie Ihr. Doch müßt Ihr auch den alten Mann versteh'n. Es nagt der Zahn der Zeit an ihm, hat keine Nachfolg', das Geschlecht wird mit ihm dereinst untergeh'n. Nach der Herzogin Tod ist Isolde alles, was er noch hat. Es heißt, er liebe sie über alles, dulde es aber nicht, wenn sie sich seinem Willen widersetzt. Er ist Relikt vergangner Zeiten, er hält die Fahne des Herzogtums noch hoch, hat keine andre Wahl.

Zweiter Reiter: Nur bleibt Isolde bei diesem Ritt wohl auf der Strecke. Ihr Ausbruch deutlich zeugt davon.

Erster Reiter: Erinnert Euch daran, wer Euch das Brot bezahlt, von dem Ihr lebt. Befohlen hat der Alte, also sei's.

Dritter Reiter: So werden wir nun tun, wie uns befohlen, auch wenn das Herz mit andrer Stimme spricht. Denn bringen wir sie nicht zurück zum Vater, es wird der letzte Ritt von uns gewesen sein.

Zweiter Reiter: Seht nur da vorn an der Biegung! Das könnten sie sein. Gebt den Rappen die Sporen, hinterher!

(Sie kommen der Gruppe näher.)

Erster Reiter: Nein, Richard, das sind bloß Marktfrauen auf der Heimkehr vom Flecken.

Dritter Reiter: Laßt uns im nächsten Ort Quartier suchen. Es wird schon dunkel und beschwerlich war der Tag.

Erster Reiter: Hast recht, Franz. Eine gute Gaststub' käme gerade recht und einer schönen Wirtin könnt' ich heut nicht entsagen. *(Sie lachen.)*

6. Szene

Herzogliches Schloß. Der Herzog.

Herzog: Fünfzehn Jahre! Damals dachte der Waltershausen doch tatsächlich, er könne Amt Melle sozusagen per Handstreich annektieren. Angeblich historischer Besitz seiner Grafschaft. Doch Beweise? Fehlanzeige. Keine Urkunde, nur eine beglaubigte Aussage eines Onkels mütterlicherseits, wohnhaft in Prag! Er warf den Handschuh, die Fehde begann. Sogar ein Trupp Kaiserliche kam ihm zur Hilfe, dem alten Verräter. Amt Melle schien zeitweilig verloren. Doch unsre tapfren Leute und das Gewicht meines Namens beim Kaiser ließen diesen intervenieren. Die Zugehörigkeit des Amtes ist seither nicht mehr in Frage gestellt worden. Unser ist es heute wie zuvor! Ich habe Macht selbst vor dem Kaiser demonstriert. Dagegen wird es doch ein Leichtes sein, meine Tochter wieder aus den Klauen dieser Leute zu befreien!

(ruft den Bedienten)

Bedienter: Sie wünschen, gnädiger Herr?

Herzog: Schicken Sie nach dem Bischof. Sagen Sie ihm, es wäre mir eine Freude, wenn er heute abend zum Nachtmahl auf das Schloß käme. Und - *(Der Bediente hatte sich schon dem Ausgang zugedreht, dreht sich wieder zurück.)* sind die Reiter schon zurück?

Bedienter: Nein, gnädiger Herr! Ich würde Sie selbstverständlich ohn' Verzug davon in Kenntnis setzen. *(ab)*

Herzog: Wie ist mir? Warum muß der Herzog von Osnabrück nach dem Bischof ersuchen, wo draußen auf dem Felde die Bauersleut' nach des Tages harter Arbeit in trauter Rund' zusammensitzen? Du undankbare, Isolde! Wer bin ich?
Sie hat zu Hofe alles, was sie braucht und sie zieht Gauklerei und unstet' Leben der treuen Vaterliebe vor? Ich weiß noch, wie es war vor Zeiten, das alles glänzt mir nun wie Gold. Als sie mit ihrem Steckenpferd durch Schlosses Park oft ritt so hold! In ihren Augen nichts als Unschuld, der klarste See, von Tau bekränzt. Wie sie sich hinter Sträuchern hat versteckt und uns dann zurief „Sucht mich doch!". Wir suchten, taten so, als fänden wir sie nicht, so daß sie bald, mit

ausgestreckten Armen zu uns, ins weit geöffnet' Herze sprang!

(Es klopft an der Tür.)

Herzog: Herein!

(Der Bediente tritt ein.)

Herzog: Sind die Reiter zurück?

Bedienter: Nein, gnädiger Herr, leider. Es fiel mir nur gerade ein, daß der Bischof doch heut in aller Früh zum Konvent nach Münster aufgebrochen ist und er erst zum nächsten Donnerstag zurückerwartet wird.

Herzog: Ja richtig, ich erinnere mich- *(Pause)* Otto!

Bedienter: Gnädiger Herr?

Herzog: Man bringe mir den Roten aus Burgund!

7. Szene

Lager der Schauspieler. Am nächsten Morgen.

Erster Schauspieler: Laßt uns noch einmal die Bankett-Szene proben. Die schien mir gestern doch als etwas zu leidenschaftslos gespielt.

Dritter Schauspieler: Ich könnt' versuchen, mit der Gestik mehr zu arbeiten.

Erster Schauspieler: Nicht daran lag es, mehr Gestik verträgt die Szene nicht. Du solltest Deine anfängliche Empörung über die Dir vorgesetzten Langusten im Verlauf des Monologes stärker in kühne Kampfeslust münden lassen. Mir fehlt dabei das Funkeln in Deinen Augen! Etwa so: „Was nehmen Sie sich eigentlich heraus? Die Dekadenz scheint in Ihrem Hause ihren zweiten Frühling zu feiern, während in den Dörfern Westfalens nichts als die blanke Not regiert! Ich verabscheue dieses Mahl und wünsche solcherart nicht mehr beleidigt zu werden!" - Und dann die Wendung hin zu unsrer Botschaft: „So reicht mir denn die Hand, wer dies so sieht wie ich. Laßt uns fürderhin der Konventionen Regiment zerstören, ein jeder tue so in seiner Stadt" et cetera. Verstehst Du, wie ich's meine? Vom Boden her zum Himmel ist die Richtung, folge ihr!

(Der Dritte Schauspieler will gerade zum Monolog ansetzen.)

Dritter Schauspieler: Was nehmen Sie sich eigentlich heraus- *(wird unterbrochen)*

Isolde: Da schaut, oh seht ihr's auch?

Erster Schauspieler: Da kommen drei Reiter geritten, Isolde. Das sehe ich.

Isolde: Es sind des Vaters Männer. Aus ist's, der Vorhang fällt, das Schauspiel wird zum Drama nun!

Erster Schauspieler: Niemals, Isolde! Sie werden Dich nicht holen, dafür stehe ich! Alles, was sie mit nach Hause nehmen werden, sind ein paar gebrochene Knochen.

Isolde: Ja, und zwar die Deinen, wenn wir jetzt nicht schnell sind! Ab in die Büsche, Albrecht, komm!

(Sie verschwinden in den nahegelegenen Büschen, während die Reiter näherkommen.)

Dritter Reiter: Seht, dort sind sie!

Zweiter Reiter: Die Prinzessin versucht zu fliehen. Da ist noch jemand mit ihr.

Erster Reiter: Richard, Du durchkämmst das Buschwerk, ich komm' Dir nach! Franz, kümmre Du Dich um die beiden anderen Gestalten dort!

(Die Reiter steigen von ihren Pferden ab und gehen mit vorgehaltenem Gewehr nach den ihnen befohlenen Richtungen. Die beiden zurückgebliebenen Schauspieler leisten keinen Widerstand, aus den Büschen hört man ein Handgemenge und Rufe wie „Bleib ruhig, Bursche, oder ich schieße!" etc. Schließlich fällt ein Schuß. Stille. Nach wenigen Sekunden verlassen die beiden Reiter zusammen mit dem gefesselten Schauspieler und der sich noch immer wehrenden Prinzessin die Büsche.)

Isolde: Laßt mich los, was fällt euch ein! Ihr könnt eine Prinzessin nicht festnehmen, dazu habt ihr kein Recht!

Erster Reiter: Das sieht Ihr Vater anders, gnädiges Fräulein!

Isolde: Ach, laßt mich endlich los!

(wird losgelassen)

Erster Reiter: *(zu den Schauspielern)* Nehmt eure Bündel und zieht Leine! Der Herzog will euch niemals wieder in seinen Grenzen sehen, das ist sein Befehl! Anderenfalls ist für euch der Turmstumpf herzlich reserviert! *(zur Prinzessin gewendet)* Prinzessin Isolde, auf Befehl Eures Vaters, des Herzogs von Osnabrück, bringen wir Euch zurück ins Schloß.

Isolde: Die Rechnung geht nicht auf. Bin ich auch im Schloß, so werd' ich dort nicht sein!

Zweiter Akt

1. Szene

Herzogliches Schloß. Der Herzog, Isolde.

Herzog: Isolde, meine Tochter! Endlich bist Du wieder hier, ich habe Dich schon so entbehrt! Laß uns vergessen, was geschehn, ach komm in meine Arme!

(Er umarmt sie, Isolde läßt es widerwillig über sich ergehen.)

Herzog: Ich werde die Küche veranlassen, Dir heut ein opulentes Mahl zu bereiten. Es soll vom Allerbesten sein, was da ist. Du mußt ja geradezu ausgehungert sein! Ich habe seit gestern Fluß- krebse auf Eis liegen. Die hast Du doch immer so gerne-

Isolde: *(unterbricht)* Vater, Du verstehst mich nicht.

Herzog: Warum?

Isolde: Ich fürchte, weil Du mich eigentlich nicht kennst.

Herzog: Wie meinst Du? Ich sollte Dich nicht kennen? Wo Du doch meine eigene Tochter bist? Mir scheint, Dein Umgang in der letzten Zeit hat Dir Deinen Verstand geraubt! Wartet, Gesindel! Fast wünschte ich, diese Gaukler kämen wieder zurück. Ich würde ihnen mit dem größten Vergnügen habhaft werden! Was haben sie mit Dir gemacht?

Isolde: Sie haben mir das Leben gezeigt, das ich schon immer leben wollte!

Herzog: Das kann nicht sein, schweig still! Du hast am Hofe alles, was Du brauchst! Hier hast Du alles, dort war nichts!

Isolde: Dort war Freiheit, dort war Menschlichkeit, dort war Leben!

Herzog: Was ist mit Dir? Hier ist Dein Leben! Das nennst Du Freiheit, ohne Geld mit diesen Leuten von Dorf zu Dorf zu ziehen und Dich für ein paar Gulden Bauersleuten anzubiedern?

Erbärmlich nenn' ich das! Hier dagegen kannst Du aus dem Vollen schöpfen, bist Prinzessin ganz und gar!

Isolde: Ich zieh das Leben draußen jenem vor, das mich erstickt!

Herzog: Ich kann es gar nicht fassen, welche Worte Du gebrauchst! Erinnern möcht' ich Dich daran, daß Du nicht irgendwer im Volk, sondern eines Herzogs Tochter bist! Damit ist wohl manche Annehmlichkeit verbunden, aber eben auch manche Pflicht! Erfüllte ich nicht meine Pflicht, ein ganzes Volk müßt' drunter leiden! Und aus wär's mit der Freiheit eines jeden, auch der Deinen, wenn Anarchie dann griffe nach der Macht! Dafür stehst Du mit Deinem Namen in der Pflicht, genau wie ich. Nur kann der Baum die Äste tragen, wenn der Stamm gesund ist, denk daran!

Isolde: Ich kann es nicht, mein Vater! Hier vergeh' ich!

Herzog: Was?

Isolde: Der Du denkst, die ich bin, die bin ich

nicht und war ich nie! Prinzessin bin ich zwar und Deine Tochter, doch strebt mein Handeln andren Zielen zu. Hier am Hof bin ich der Schmuck nur, den Du Dir anziehst, um noch mehr zu strahlen! Doch damit ist mein Leben nicht erfüllt. Selbst rütteln will ich an den Toren, die dem Volk versperr'n den Ausblick in die Welt! Hier bleib' ich nicht, soviel steht fest! Ich habe Blut geleckt, ich kann nicht mehr!

Herzog: Mir reicht's, hier ist kein Platz für Spinnereien! Jetzt ruh Dich aus, schon morgen siehst Du klarer. Du bist vollends erschöpft, Du brauchst jetzt Schlaf, ich auch.

(Isolde ab)

Herzog: Was spielt sie da mit mir? Gewiß, sie spielt! Mit Schauspielern hat sie gelebt zehn Tage, die haben ihren Geist verwirrt, doch nun, zurück in ihren traut' Gemächern, wird letzten Endes alles wieder gut! Zeit heilt manch tiefe Wunde. Um zu sich selbst zu finden, tut es manchmal Not, sich vor sich selbst zu schützen. Tut sie es nicht, mach ich's.

(ruft nach dem Bedienten)

Bedienter: Gnädiger Herr!

Herzog: Man lasse meine Tochter nicht aus den Augen, sobald sie ihr Gemach verläßt! Macht sie auch nur einen verdächtigen Schritt, will ich ihn wissen!

2. Szene

Isoldes Gemach im Schloß.

Isolde: Ich wollte frei sein - und was jetzt? Die Prinzessin hält Isolde gefangen. Ich wollte fliegen wie ein Vogel, doch hab' ich nicht daran gedacht, daß Vögel auch eingefangen werden können! Sie landen dann für gewöhnlich in einem Käfig. Mein Käfig ist aus Gold und heißt Schloß Rath! Oh Albrecht! Oh Freiheit! Oh meine Kameraden! Ich will zu euch zurück, die Sehnsucht tut so weh! Doch zum Verzweifeln ist die Lage! Verlaß' ich meine Zimmer auch nur kurz, stoß' ich auf wundersame Weise immer sofort auf irgendwen. Welch Zufall wird da inszeniert! Das Stück ist schlecht gemacht, zum Hohn heißt's ‚Vaterliebe'! Oh Mutter, schau herab!

(Es klopft an der Tür.)

Isolde: Herein!

(Der Bediente tritt ein.)

Bedienter: Gnädiges Fräulein, Ihr Vater bittet Sie

herzlich, mit ihm und dem geschätzten Bischof von Osnabrück das Nachtmahl zu teilen.

Isolde: Sagen Sie ihm, es wäre mir ein großes Vergnügen, doch wüßte ich aufgrund der strengen Bewachung meiner selbst nicht, ob ich zu ihm und dem Herrn Bischof vorstoßen könne!

Bedienter: Ich werde es dem Herzog ausrichten, gnädiges Fräulein.

(Der Bediente will gehen.)

Isolde: Warten Sie, Otto!

Bedienter: Prinzessin?

Isolde: Was ist mit mir?

Bedienter: Nun ja, Prinzessin, Sie sehen es. Ihr gnädiger Vater hat wohl noch ein Bild im Kopf, das will er nicht verlieren.

Isolde: Ich weiß, aber das mein' ich nicht. Das Bild, wenn auch in seinem Kopf, gibt es nun mal nicht mehr. Ich meine: Gibt es eine Chance für mich?

(Pause)

Bedienter: Er ist Ihr Vater und mein Herzog. Und beides schon seit vielen Jahren. Ich mag Sie sehr, Prinzessin. Ich seh' Sie noch als kleines Kind hier durch die Flure krabbeln. Wie oft hab' ich Sie auf meinen Schultern durch den Park getragen! Ich wünschte sehr, die Lage wäre anders.

Isolde: Dann helfen Sie, die Lage zu verändern!

Bedienter: So sehr ich's wollt', ich kann da nichts versprechen.

Isolde: So helfen Sie?

Bedienter: Er soll auch morgen noch mein Herzog sein.

Isolde: Sie sind nicht frei, wie ich. Der Unterschied ist nur, daß sie's nicht wollen!

Bedienter: Wie meinen Sie das?

Isolde: So wie ich's sag'! *(Pause)* Wer hilft mir dann?

Bedienter: Ich sprăch' es im Gebete.

(Der Bediente verneigt sich vor Isolde und geht.)

3. Szene

Lager der Schauspieler. Der erste Schauspieler auf einem Pferd wie zum Aufbruch bereit.

Zweiter Schauspieler: Halt, bleib stehen, Albrecht! Laß es sein, es hat doch keinen Zweck! Laß es sein! Isolde hat Dir wohl ziemlich den Kopf verdreht, doch bedenke: Es war ein Spiel auf Zeit, von Anfang an, das weißt Du. Ein Gastspiel der besonderen Art, aber ein Gastspiel doch. Du weißt wie ich, daß unser Glück nicht ewig währen konnte! Steig herab von Deinem Gaul und laß uns trinken auf die Zeit, die war und auf Isolde. Schließ es nun ab, dann blick nach vorn!

Erster Schauspieler: Blick ich nach vorn, so seh ich sie vor mir! Blick ich zurück, so ist's das gleiche!

Dritter Schauspieler: Ein Drama ist's, das jeder von uns gern gespielt, doch niemand gern erlebt hätte!

Erster Schauspieler: Auf, auf Kameraden! Vergeßt nicht, warum wir durch die Lande zieh'n!

Freiheit lautet unsre Losung, Freiheit sei auch ihr gewährt! Wir haben immer nur gespielt, jetzt wird es endlich Ernst!

Dritter Schauspieler: Ich versteh Dich ja, Albrecht! Doch, was sollen wir denn gegen den Herzog ausrichten? Und womit? Mit unseren Fäusten, die noch niemals einen Kampf gefochten? Sieh es ein, die Lage ist aussichtslos!

Erster Schauspieler: Dann ist es höchste Zeit! Was nützen Worte, wenn die Tat nicht folgt? Dann besser wär's, man hätt' sie nie gesprochen! Reicht mir das Schwert aus unserm Fundus! Laßt seine Klinge schleifen meisterlich! So laßt uns auch tun mit dem Degen und uns dann fliegen in die Schlacht! Das wird kein sinnlos' Blutvergießen, hier heißt es Freiheit oder Tod! Der hebt die Hand, der mit mir zieht!

(Keiner der beiden anderen hebt eine Hand.)

Erster Schauspieler: Was ist mit euch? Wie kannt ich euch doch anders! Die Memme zieht den Schwanz ein bei Gefahr! Was nützt uns unsre Botschaft, wenn wir sie nicht leben! Was nützt uns ein vorgeblich Ideal! Zieht ab die Masken, die ihr nur tragt aus Eitelkeit, wie ich nun seh'! Dem Mensch, der uns nun braucht, versagt ihr Hilfe und denkt nur an die eigne Haut! Was zieh'n wir durch die Lande? Laßt uns brechen!

Dritter Schauspieler: Glücklich und zufrieden, das waren wir bisher. Ich denke nicht, mich blind ins Unglück reinzustürzen! Gäb's Aussicht nur, ihr rauszuhelfen, ich wär' als erster wohl zur Stell'!

Zweiter Schauspieler: Wie auch immer es geschehen, Günther hat Recht, das Spiel ist aus! Zögen wir nach Osnabrück, um Isolde zu befreien, benötigten wir im Anschluß jemanden, der uns befreit! Du hast gehört, was des Herzogs Befehl ist! Ja, Freiheit ist unsre Losung! Also laßt uns hier bleiben und frei sein!

Erster Schauspieler: *(steigt vom Pferd ab)* Ich weiß nur eins, ich seh' Isolde wieder! Wo ist das Bier? Ein ganzes Faß wird heute nicht genügen!

4. Szene

Isoldes Gemächer. Isolde. Die Kammerzofe. Während der gesamten Szene steht ein Bediensteter außen vor Isoldes Tür. Mal sitzt er auch.

Kammerzofe: Noch vor einer Woche Sonnenschein, und plötzlich zeigt sich doch der Herbst von seiner rauhen Seite. Durch das Unwetter heute Nacht ist nun der ganze Park mit Laub und Ästen bedeckt. Von einer der alten Kastanien am Pavillon hat sich durch den starken Wind ein mächtiger Ast gelöst und einen Teil des Holzgeländers umgerissen. Josef ist schon in aller Früh, mit dem Rechen bewaffnet, in den Park gezogen, um das Nötigste zu erledigen, bevor ihr Vater seinen morgendlichen Ausritt macht. Sie wissen ja, die Wege müssen immer akkurat sauber sein. Über Laub reiten zu müssen, bevor er das Tor verlassen hat, das könnte er nicht verkraften.

Isolde: Wenn es das nur ist. Mag er sich Gedanken über das Laub machen, damit kann er sich trefflich von seinen anderen Problemen ablenken. Doch es ist tatsächlich Herbst, wenn ich herausschaue, wo es mir vor kurzem noch so war, als würde der Frühling in seiner ganzen Pracht erblühen. Den Sommer gab es nicht.

Kammerzofe: Ich verstehe nicht ganz, was Sie meinen, gnädiges Fräulein. Es war doch alles wie in jedem Jahr.

Isolde: Nicht ganz. Es hatte den Anschein, als sei auch dieses Jahr wie jedes andere Jahr. Bis vor zwei Wochen. Da war für mich plötzlich alles ganz anders.

Kammerzofe: Sie sprechen von Ihrem Ausflug.

Isolde: Nun, wenn Sie das so nennen möchten. Ja, das meine ich. Mehr sollte es wohl auch nicht sein.

Kammerzofe: Sie sind traurig. Aber das wird sich schon wieder ändern.

(Pause)

Isolde: Fräulein von Wengern!

Kammerzofe: Gnädiges Fräulein?

Isolde: Vertrauen Sie einem der Reiter?

Kammerzofe: Wie meinen Sie?

Isolde: Halten Sie einen von diesen fähig, Albrecht Koch zu finden?

Kammerzofe: Albrecht -

Isolde: Koch.

Kammerzofe: Ich habe diesen Namen noch niemals gehört, gnädiges Fräulein. Wo sollt' ich ihn suchen lassen? Und welchen Grund sollt' ich anführen? Die Reiter schätzen den Herzog und fürchten ihn sehr.

Isolde: Fräulein von Wengern, ich befinde mich in einer schwierigen Lage.

Kammerzofe: Das bleibt mir nicht verborgen, gnädiges Fräulein.

Isolde: Ich bin in diesen Mauern eingesperrt, komm' hier nicht raus. Mein Vater hat befohlen, mich Tag und Nacht zu bewachen, das müßten

Sie ja wissen.

Kammerzofe: Ich weiß. Seine Anweisung lautete so.

Isolde: Ich muß hier raus, kann so nicht weiter leben. Und noch aus anderm Grund - Fräulein von Wengern, kann ich Ihnen vertrauen?

Kammerzofe: Gewiß, das können Sie!

Isolde: In einer Nacht, die wir gemeinsam hatten und die ich sehr genoß -

Kammerzofe: Prinzessin, was ist mit Ihnen? Sie wirken so verstört!

Isolde: Das mag wohl sein...

Kammerzofe: Sie schwitzen ja! Brauchen Sie frische Luft? Soll ich das Fenster öffnen?

Isolde: Das hilft mir nicht, nicht das.

Kammerzofe: So sagen Sie. Was war in jener Nacht?

Isolde: Ich habe etwas mitgenommen von meinem Freiheitsflug. Etwas, was mir nun bleibt.

Kammerzofe: Sie sind -

Isolde: Schwanger!

Kammerzofe: Da bin ich jetzt aber - Da weiß ich gar nicht, was ich sagen soll, Prinzessin!

Isolde: Dann sagen Sie mir, was ich tun soll! Erfährt mein Vater, daß ich ein Kind von einem Schauspieler erwarte, dann -

Kammerzofe: Was?

Isolde: Dann wird er ihn umbringen, sobald er seiner habhaft wird. Oder für immer in den Kerker werfen!

Kammerzofe: Wenn er gut gelaunt ist.

Isolde: Zudem wird er mit allen Mitteln versuchen, daß das Kind nie geboren wird.

Kammerzofe: Wie will er das machen?

Isolde: Ich weiß es nicht, ich hab' nur Angst. Angst, verstehen Sie!

Kammerzofe: Ja, ja. Verstehe ich.

Isolde: Sage ich dagegen nichts und hoffe, daß er nichts bemerkt, dann -

Kammerzofe: Dann?

Isolde: Dann muß ich das Kind heimlich zur Welt bringen und - weiter weiß ich doch auch nicht!

Kammerzofe: Nein! Ein Kind heimlich zur Welt bringen, nur Sie? Nein, nein, das geht nicht!

Isolde: Mir zerbricht das Herz! Wie ich's auch mache, ich kann nicht glücklich werden, das arme Kind! Oh Albrecht! Warum ist es mir nicht gegönnt, zu leben wie ich will? Wissen Sie, was das Absurde war da draußen und jetzt hier im Schloß? Draußen war Isolde eine Schauspielerin, hier spielt Isolde eine Prinzessin und ist im Grunde auch eine Schauspielerin. Draußen war das Repertoire größer.

Kammerzofe: Albrecht Koch. So heißt er doch, nicht wahr?

Isolde: Ja, so heißt er. Meinen Sie, Sie können ihn suchen lassen? Sie können nicht weit sein, vielleicht haben sie das Herzogtum auch noch gar nicht verlassen. Ich denke, sie sind von Dissen über den Teutoburger Wald Richtung Bünde gezogen. Albrecht sagte mal, sein Wunsch wäre es, einmal in Bünde zu spielen.

Kammerzofe: Nach Bünde? So weit? Wie soll man ihn da finden?

Isolde: Ich kann es Ihnen nicht sagen, aber versuchen muß ich's doch! Man soll ihm ausrichten, er werde Vater, solle aber auf keinen Fall versuchen, nach Osnabrück zu kommen, die Konsequenzen versprächen leider bitter zu werden. Ich würde aber, sobald unser Kind geboren sei versuchen, zu ihm zu stoßen und mit unserm Kind bei ihm für immer auch zu bleiben. Und ach - daß ich ihn liebe, sollen sie ihm sagen.

Kammerzofe: Prinzessin, aber wer soll das machen?

5. Szene

Der Herzog. Der Bediente.

Herzog: Man lasse meine Tochter rufen. Sagen Sie ihr, ich möchte mit ihr reden. Ach, und bringen Sie uns bitte eine Flasche Burgunder.

Bedienter: Sehr wohl, gnädiger Herr! *(ab)*

Herzog: Ich werde versuchen, Sie wieder auf andere Gedanken zu bringen. Warum genießt sie nicht das Leben am Hof? Langsam verzweifle ich an ihr. Tagelang verläßt sie kaum ihre Gemächer, ißt kaum etwas, verschmäht im Grunde alles, was sie hat! Sie ist mir beinahe fremd! Es stimmt nicht, daß guter Rat teuer sei. Schlechter Rat kommt uns am Ende teurer. Drum kostet guter Rat, was er halt kostet. Doch wo bekomm ich guten Rat? Geht es um Politik und Macht, wird er mir massenhaft geboten. Den Grafen Lieberg, Saß und Wolch kann ich vertrauen zweifellos. Ihr Rat ist Gold wert und mit Gold nicht zu bezahlen. Doch geht es um private Fragen, bin ich allein auf dieser Welt. Und der Bischof, mit dem ich mich darüber unterhalten könnte, versteht von jenen

Dingen, die mich nun treiben, in etwa soviel wie eine Kartoffel.

(Es klopft. Isolde tritt ein, hinter ihr der Bediente mit einer Flasche Burgunder. Der Bediente entkorkt die Flasche.)

Herzog: *(zum Bedienten)* Lassen Sie nur, Otto, das mache ich selbst. Vielen Dank.

(Der Bediente, der gerade den Wein in zwei Gläser einschenken wollte, stellt die volle Flasche auf eine Anrichte, verneigt sich und verläßt den Raum.)

Isolde: Mein Vater?

Herzog: Meine liebe Tochter! Komm Isolde, bitte setz Dich doch. Möchtest Du ein Glas Wein mit mir trinken? Ich habe einen vorzüglichen roten Burgunder holen lassen - Augenblick.

(Nimmt die beiden Gläser, schenkt den Wein ein, reicht Isolde ein Glas und stößt mit ihr an.)

Herzog: Auf Dein Wohl, Isolde! Laß es so sein wie früher.

(Sie trinken.)

Herzog: Ist er nicht ganz vorzüglich? Unseres ehrwürdigen Bischofs Beziehungen sind einfach unersetzlich.

Isolde: Vater, was willst Du?

Herzog: *(irritiert)* Nichts, was Du verschmähen solltest. Ich möchte Dich einfach bei mir haben, so wie's in alten Zeiten war.

Isolde: Die alten Zeiten sind lange her, Vater! Sie waren schön, das waren sie. Nur sind sie halt vorbei und dran zu denken bringt uns auch nicht weiter. Gerichtet werden muß der Blick nach vorn!

Herzog: Wo ist nur meine Tochter? Ich sehe sie nicht!

Isolde: Läßt Du mich deswegen jede Sekunde, Tag und Nacht, überwachen? Sollen andere das, was Du nicht siehst, Dir übermitteln? Ist es das?

Herzog: Helfen will ich Dir, Isolde! Du mußt zur

Ruhe kommen, damit Du wieder klare Gedanken fassen kannst. All das geschieht nur aus reiner Liebe zu Dir!

Isolde: Aus reiner Liebe zu mir! Daß ich nicht lache! Wen man liebt, den läßt man selbst auch lieben! Dem gibt man Flügel und sperrt ihn nicht ein! Liebe? Das klingt wie Hohn aus Deinem Mund! Laß mich zu dem Menschen ziehen, den ich hätte lieben können, zeig Deine Größe, jetzt ist die Gelegenheit dazu!

Herzog: Lieben? Kann eine Prinzessin einen wandernden Schauspieler lieben? Das ist absurd, das tut mir weh in meinen Ohren! Liebe braucht Verständnis und basiert auf gleichen Werten. Beides ist bei euch nicht mal im Ansatz nur gegeben! Wie kann so jemand wissen, was eine Prinzessin benötigt? Und überhaupt: Da gibt es nichts zu reden! Läßt Du nicht ab, laß ich sie suchen, zweifle nicht! Sie müßten bitterlich bezahlen, was man mit Geld nicht richten kann!

Isolde: Alle Last, alle Deine geplatzten Träume ruhen auf meiner Schulter und ich hab' sie zu tragen. Daß Du keine Söhne hast, dafür kann ich nichts. Ich bin der letzte Sproß aus unsrer Linie, danach kommt nichts! Das ist es, was Dich grämt und dafür haßt Du mich, obwohl Du mich im Grund' gern lieben würdest!

Herzog: Was heißt ‚im Grunde'? *(aufbrausend)* Du undankbares Wesen! Ich habe so viel Hoffnung in Dich gesetzt! Du zerstörst nun alles, auch mein ganzes Lebenswerk! Das werde ich nicht zulassen, das sage ich Dir, meine Tochter! Wenn Du nicht selbst zur Besinnung kommst, dann werde ich Dir für Besinnung sorgen! Ich verbiete Dir ab sofort, Deine Gemächer zu verlassen und werde dafür Sorge tragen, daß dies auch so geschieht! Da hast Du nun genügend Zeit, Dir alles nochmal eindringlich zu überlegen! Dann siehst Du, wohin Dich Deine Flausen führen! Schnell wirst Du merken, was Dir besser tut! Hinfort mit Dir! Ich will Dich nicht mehr sehen, als bis Du vor mir hergekrochen kommst und ihm entsagst, du hast es so gewollt!

Isolde: *(laut)* Niemals! *(ab)*

6. Szene

Isoldes Gemächer. Isolde. Die Kammerzofe. Isolde ist merklich schwanger.

Kammerzofe: Gnädiges Fräulein, bitte bleiben Sie sitzen. Ich werde Ihnen den Tee holen. Sie dürfen sich in Ihrem Zustand nicht überanstrengen!

Isolde: Ach, lassen Sie nur, Fräulein von Wengern. Soll ich die ganze Zeit auf meinem Stuhl sitzen und die Fliegen zählen? Ich gehe zugrunde, wenn ich auch noch in meinen eigenen Gemächern an einem Platze bleiben muß. Die Bewegung tut mir gut und lenkt mich ab. Der Gedanke, es Albrecht nicht sagen zu können, ihn nicht einmal sehen zu können, tut unendlich weh! Beinahe hofft' ich, er käme doch geritten! Nur, daß ich ihn sehen, daß ich's ihm sagen kann. Auch, wenn's vielleicht sein Ende wäre! Liebe, Sehnsucht, Verlangen, alles unerfüllbar! Wissen Sie, wie es da in einem Menschen aussieht?

Kammerzofe: Wollt' man kochen und hätt' jene vier Zutaten nur, würd' Gift rauskommen. Ich kann's mir vorstellen!

Isolde: Nur die vierte Zutat, die Unerfüllbarkeit, macht aus dem Freudenschmaus einen giftigen Brei. Und wer liefert sie? Mein eigener Vater! Er vergiftet meine Nahrung und nennt das einen Liebesdienst!

Kammerzofe: Sie tun mir leid, gnädiges Fräulein! Inzwischen sind Wochen vergangen, und Ihr Vater hat Sie nicht einmal sehen wollen!

Isolde: Was sollte er auch von mir wollen? Er weiß mit mir momentan ohnehin nichts anzufangen. Wie und was ich fühle, das sagt ihm alles gar nichts. Das ist ihm alles völlig fremd. Er kannte bisher ja nur sein Amt. Daß es daneben noch was andres gibt, das schwant ihm nun so langsam. Ich glaube, er merkt jetzt zum ersten Mal, daß er ein Kind hat. Doch die Erkenntnisse, die es ihm brächte, wenn er sich auf seine alten Tage darauf einließe, würden sein Weltbild und vielleicht sein eignes Leben nur allzu sehr ins Wanken bringen. Also läßt er's und hofft auf meine Reue. Da kann er aber lange warten! So viel Zeit hat er gar nicht mehr!

Kammerzofe: Ihm geht es gar nicht gut. Sein

harter Bann hat ihm beinahe selbst das Herz gebrochen. Er ist nicht mehr der alte, hat sich noch mehr zurückgezogen. Selbst der Bischof ist äußerst spärlich noch sein Gast. Alle Welt erkundigt sich nach Ihnen, er muß daher ständig neue Erklärungen für Ihre Abwesenheit erfinden. Er kann den Bann nicht aufheben und hofft wohl jede Minute, daß sie ihn erlösen und sich zu ihm wenden.

Isolde: Mich zu ihm wenden? *(zeigt auf ihren Bauch)* Was würde er wohl sagen, wenn ich mich so zu ihm wendete? Wenn er mich so sähe? Ich glaub', er würde gleich den nächsten Bann aussprechen. Überhaupt, ich darf gar nicht daran denken was passiert, wenn er von dem Kind erfährt! Nicht das Kind an sich ist's. Es ist sein Vater. Er würde es als größte Schmach empfinden und mich ewig dafür hassen. Das Kind hätt' keine Freude auf der Welt, wie ich. Was ist zu tun? Was kann ich machen?

Kammerzofe: *(zögerlich, vorsichtig)* Wenn ich das Kind bekäm'? Wenn's meins wäre?

Isolde: Was sagen Sie da? Ich soll mein liebes

Kind als Ihres ausgeben? Mein geliebtes Kind? Alles, was ich habe? Sie machen mir Angst, Fräulein von Wengern!

Kammerzofe: Gnädiges Fräulein, so hören Sie meinen Plan. Wäre es nicht Ihr Kind, sondern meines - offiziell, meine ich - könnte Ihr Vater weder Groll gegen Sie noch gegen Ihr Kind hegen, denn das Kind der Kammerzofe seiner Tochter würde ihn wenig interessieren. Meine Stube liegt direkt im Anschluß an Ihre Gemächer. Sie würden das Kind also, halten Sie sich in Ihren Gemächern auf, dort ständig bei sich haben können. Legt sich der Groll Ihres Vaters dann mit der Zeit - er wird Sie nicht auf Dauer verstoßen können - können Sie ihn behutsam darauf vorbereiten, daß die Wahrheit eine andere ist. Inzwischen wird so viel Zeit vergangen sein, so daß er dem Kind nichts mehr anhaben wird. Wir müssen ihn langsam auf die Wahrheit vorbereiten, soweit mein Plan.

Isolde: Ich höre Ihre Ausführungen mit Schrecken, warum darf für mich nicht gelten, was für alle andern selbstverständlich ist? Doch bin ich ehrlich, hat mich dieser furchtbare Gedanke auch selbst schon heimgesucht. Sie haben wahrscheinlich Recht, es gibt wohl nur den einen Weg für mich. Mein Kind wird hier sein, hier bei mir, weil Sie hier sind. So ich auch überlege, es gibt keine andere Lösung, mit der ich vorerst weiterleben könnte. Und dann setz ich auf Albrecht, daß er kommt. *(Pause)* Vielleicht wird alles wieder gut. Muß es denn, so sei's! In Gottes Namen!

7. Szene

Selber Ort wie eben. Isolde wiegt ihr neugeborenes Kind auf den Armen.

Isolde: *(singt)*
Schlaf, Kind, schlaf wohl.
Wie Gott es Dir befohl.
Es grüßen Dich die Maiglöckchen-
(schaut verängstigt auf)
Maiglöckchen,
Die winden zart ihr Stengelchen
Um Dich, es sei zu Deiner Zier,
Der Wind streichelt die Bäckchen Dir,
Du kleiner Engel für und für-

(Die Kammerzofe stürzt durch die Tür in den Raum und bleibt sprachlos und wie versteinert stehen.)

Isolde: *(singt weiter)* Es ist so schön, Du bist bei mir *(hört auf zu singen)*

(Die Kammerzofe sinkt auf den Boden und beginnt bitterlich zu weinen.)

Isolde: *(ahnungsvoll)* Hat er alles zerstört?

Kammerzofe: *(steht auf und klammert sich an Isolde, die ihr Kind in den Armen hält und weint weiter)* Fort soll ich, noch heute!

Isolde: *(schon ganz abwesend)* Dann wird er Sie wohl nicht alleine ziehen lassen, Fräulein von Wengern? Das wird er nicht tun?

Kammerzofe: *(nickt)* Ich soll fort mit *meinem* Kind. Er duldet diesen unsittlichen Zustand nicht, wie er sagt, in seinem Haus.

Isolde: *(abwesend)* So, das hat er also gesagt.

Kammerzofe: Prinzessin, Sie müssen mit ihm sprechen! Ich flehe Sie an!

Isolde: *(geht nicht auf die Kammerzofe ein)* Jetzt bin ich auch entwurzelt, und Du, mein Kind, gleich mit. Der Freund verbannt, das Kind mir weggenommen, was bleibt mir noch?

Kammerzofe: Reden Sie in Gottes Namen mit ihm! Er wird Ihnen Ihr Kind nicht wegnehmen können, das kann er doch nicht!

Isolde: Ach, Fräulein von Wengern, was Sie nicht alles denken. *(liebkost ihr Kind, schaut es liebevoll an und streichelt es, gibt ihm schließlich einen Kuß, reicht ihr Kind anschließend der Kammerzofe)* Hier, Fräulein von Wengern, bitte nehmen Sie Ihr Kind.

Kammerzofe: *(ängstlich)* Fräulein Isolde, was sagen Sie da?

Isolde: Hatten Sie nicht selbst gesagt, es sei das beste für uns beide, wenn's das Ihre wäre? Sie müssen gar nicht so weit in die Zukunft schauen. Was jetzt nicht wahr noch ist, wird's bald schon sein. Nehmen Sie jetzt Ihr Kind, ich muß nach nebenan. Mich frisch machen, Fräulein von Wengern.

(Die Kammerzofe nimmt das Kind wie einen Fremdkörper in die Arme. Isolde blickt nach dem Kind und geht dann in den Nachbarraum.)

Kammerzofe: *(laut zu Isolde, damit die es im Nachbarraum hören kann)* Werden Sie doch zu Ihrem Vater gehen?

Isolde: *(aus dem Nebenraum)* Ja, das werd' ich wohl müssen.

Kammerzofe: *(laut zu Isolde ins Nachbarzimmer)* Das ist eine gute Entscheidung!

Isolde: *(aus dem Nebenraum)* Nicht wahr?

(Kurze Stille. Plötzlich fällt ein Schuß.)

Kammerzofe: *(laut, panikartig)* Prinzessin!

(Die Kammerzofe stürzt mit dem Kind im Arm zum Nachbarzimmer, bleibt wie versteinert an der Tür stehen, dreht das Kind in ihren Armen weg von der Tür zur Seite, geht dann schließlich hilflos mit dem Kind wieder weg von der Tür und bleibt wenige Schritte von der Tür entfernt sehen.)

Laute Musik setzt ein. Die Musik läuft bis zum Schluß des Stückes und auch anschließend noch weiter.

(Der Herzog stürmt durch die Tür in das Zimmer, schaut die Kammerzofe mit dem Kind im Arm an und stürzt dann weiter zum Nachbarzimmer. Er

kommt nach kurzer Zeit völlig verstört wieder aus dem Nachbarzimmer heraus, in der rechten Hand die Pistole, bleibt im Zimmer in der Nähe der Kammerzofe und dem Kind stehen, beachtet sie aber nicht. Setzt die Pistole an seine Schläfe, verharrt so einige Sekunden, nimmt die Pistole dann wieder herunter, läßt den Arm hängen, die Pistole fällt auf den Boden. Der Herzog schaut noch mal das Kind an und verläßt den Raum, schließt die Tür hinter sich. Die Kammerzofe mit dem Kind steht noch immer regungslos da.)

ZUR FREUDE

LAHNLIED

Freunde, seht ihr da vorne die Biegung,
Dort wird im Verlauf sichtbar sein
Die stetig entfacht unser Sehnen,
Die alte und ewige Lahn.

Es ist eine Frage der Fügung,
Wie schnell der Mensch erkennt,
Daß seines Lebens Lauf
Folgt eines Stromes gleich
Mit schnellem Flusse
Gebahnten Wegs entlang
Zu fest bestimmtem Ziel.

Durch tiefgrünen Waldes Strecke,
Hoch über den Ufern der Lahn,
Gelenkt durch das Windspiel der Blätter,
Hört man jetzt schon rauschen das Wehr.

Gleichwohl wie das Fallen des Wassers
Mit seiner wilden Kraft
Nun tosend uns berauscht,
Hat manche Klippe schon,
Die wir gestürzt,
Uns stärker nur gemacht
Und bracht' uns schneller fort.

Sehet nur, wie die Sonne den Vorhang
Von Laubwerk der Bäume aufreißt,
So steh'n wir am Felsen andächtig
Und schauen hinab auf die Au.

Es hat schon unzählbare Male
Das Schicksal uns geführt
An seiner mächtigen Hand
Zu solcherlei Punkt,
Doch blieb der Nebel,
Da wir ihn nicht erkannt',
Nur allzu oft besteh'n.

Umkränzet von Auen und Felsen
Fließt unten im Tale die Lahn.
Sie wird auf dem Wege zur Mündung
Manch Wandersmanns Herz noch erfreu'n!

Drum zieh'n wir mit Demut und Freude
Durch diese schöne Welt
Gemeinsam und Hand in Hand.
All' unsre Sorgen
Verlieren die Kraft
Im Anblick der Stärke
Der prachtvollen Schöpfung.

Schaut her, wie in Wassers Spiegel
Manch' froher Stunden Bild noch glänzt,
Die wir an Deinen Ufern
In frischer Lust erlebt.

Es sei uns getrost mitgegeben
Für heut' und alle Zeit,
Daß Treue ist ein Pfand,
Das ewig uns bleibt.
Erkennen wir den Wert
Und handeln stets danach,
So sind wir am Ziel.

Wohl an! Laßt uns heben zum Lobe
Mit stolzen Sanges Schall
Die Becher mit funkelndem Lahnwein,
Heut' wie in hundert Jahr'n!
Dir immer und ewigen Lahn!